Duas ideias filosóficas e a pandemia

RENATO JANINE RIBEIRO

Duas ideias filosóficas e a pandemia

Estação Liberdade

© Renato Janine Ribeiro e Editora Estação Liberdade, 2021

Preparação Fábio Fujita
Revisão Joice Nunes
Supervisão editorial Letícia Howes
Edição de arte Miguel Simon
Editor Angel Bojadsen

CIP-BRASIL. CATALOGAÇÃO NA PUBLICAÇÃO
SINDICATO NACIONAL DOS EDITORES DE LIVROS, RJ

R372d

Ribeiro, Renato Janine, 1949-
Duas ideias filosóficas e a pandemia / Renato Janine Ribeiro. - 1. ed. - São Paulo: Estação Liberdade, 2021.
96 p. ; 21 cm.

Inclui bibliografia
ISBN 978-65-86068-54-2

1. Filosofia moderna. 2. Filosofia brasileira. 3. COVID-19 (Doenças). 4. Pandemia de COVID-19, 2020-. I. Título.

21-74266   CDD: 199.81
                               CDU: 1:(616.98:578.834)(81)

Camila Donis Hartmann - Bibliotecária - CRB-7/6472
04/11/2021   05/11/2021

Todos os direitos reservados à Editora Estação Liberdade. Nenhuma parte da obra pode ser reproduzida, adaptada, multiplicada ou divulgada de nenhuma forma (em particular por meios de reprografia ou processos digitais) sem autorização expressa da editora, e em virtude da legislação em vigor.

Esta publicação segue as normas do Acordo Ortográfico da Língua Portuguesa, Decreto nº 6.583, de 29 de setembro de 2008.

Editora Estação Liberdade Ltda.
Rua Dona Elisa, 116 | Barra Funda
01155-030 São Paulo – SP | Tel.: (11) 3660 3180
www.estacaoliberdade.com.br

Este breve livro pretende mostrar como duas ideias filosóficas, uma mais conhecida, outra menos, são decisivas para pensar o atual momento pandêmico. Sem nossa primeira ideia, a *compaixão*, que devemos a Jean-Jacques Rousseau, desde 2020 teríamos vivido — ou tolerado — um verdadeiro massacre. Faz uns cem anos, a gripe dita espanhola matou de vinte milhões a cem milhões de pessoas, num planeta em que viviam cerca de dois bilhões: entre 1% e 5% da população. A pandemia de covid-19, até agora, apesar de já durar mais de um ano, sacrificou três milhões de seres humanos, isto é, menos de meio milésimo da população mundial — somos atualmente cerca de 7,8 bilhões, contra 1,8 bilhão em 1920.[1] É um horror, mas menor. O índice de 0,04% de nossos semelhantes, mortos em um ano, se compara ao de cerca de 3% de cem anos atrás, o que significa que a mortandade atual atinge — até agora — pouco mais do que um centésimo da causada pela gripe espanhola. E por

---

1. "Nascimento e civilização", *Folha da Manhã*, São Paulo, 27 jul. 1952. Disponível em: http://almanaque.folha.uol.com.br/cotidiano_27jul1952.htm. Acesso em: 11 ago. 2021.

quê? Antes de mais nada, porque se cristalizou em nossos corações a convicção de que ninguém deve ser deixado para trás — pelo menos entre os humanos de coração.

Para ficar claro: em comparação, a taxa de mortes causadas pela gripe espanhola no Brasil foi baixíssima — talvez apenas trinta mil pessoas, num país de trinta milhões de habitantes à época: um milésimo dos brasileiros, sendo a grande maioria no Rio de Janeiro e em São Paulo.[2] Explica-se: o mundo era muito menos globalizado do que hoje. Nosso vasto interior teria sido poupado, em ampla medida. Pessoas — e vírus, consequentemente — não viajavam tanto. Assim, embora fosse enorme o morticínio causado pela gripe espanhola mundo afora, foi bem menor do que teria sido se as redes de comunicação fossem rápidas como hoje. E toda essa situação mesmo frente ao fato de vírus viajarem mais depressa do que seres humanos: o império inca, ao ser conquistado por Pizarro, já estava

---

2. Pode ter havido subnotificação, evidentemente, mas são esses os dados disponíveis. Na Índia, então colônia britânica, as mortes notificadas passaram de dez milhões — certamente porque muitos soldados indianos trouxeram o vírus da Europa, onde lutaram durante a Grande Guerra. Falei em gripe *dita* espanhola porque ela não se originou na Espanha — mas, por aquele país ter-se mantido neutro durante a guerra, não houve censura à imprensa, e a doença foi amplamente noticiada, dando ao público internacional a falsa impressão de que teria começado lá, até porque o próprio rei foi contaminado.

debilitado pela varíola — que lhes veio dos espanhóis, mas bem antes que um único deles pisasse o território incaico. Em outras palavras, o ataque atual é pior, mas os valores éticos são mais fortes. A *ética salva*.

E também melhoraram os instrumentos de defesa. Aqui lembramos a segunda ideia, mais complexa, que vem de Marx. Ele diz que a humanidade somente se propõe as tarefas que pode resolver. O que isso significa, hoje? Que uma pandemia tão dura só se deu porque, graças à internet, temos, atualmente, meios de trabalhar à distância e meios de enfrentá-la, com tantas vacinas encontradas em questão de meses? Ou, ao contrário, que, à medida que progredimos, surgem inimigos mais poderosos, como o próprio coronavírus? Discussão difícil, mas necessária.

Discutir, pensar é necessário.

✦ ✦ ✦

É comum se dizer que a filosofia não tem utilidade. É um equívoco. Ela é muito útil naquilo para que nasceu: *ajudar a pensar*. Aliás, a filosofia não é pretensiosa. Filósofo é o *amigo do saber*, não seu dono ou detentor. Ser filósofo, ao menos na etimologia, é *menos* do que ser cientista ou sábio, que seriam os detentores do saber ou da sabedoria. Por isso mesmo, olhemos a filosofia como nossa *amiga* e procuremos ver o que aprendemos caminhando com ela. E comecemos com o filósofo que, caminhando, sonhava.

A compaixão

Por volta de 1750, Rousseau nasce para a filosofia, ou pelo menos para a escrita filosófica. Ele vai visitar, no castelo de Vincennes, seu amigo Diderot, que lá está preso. Rousseau caminha; ele é pobre, não pode pagar um transporte, mas, sobretudo, adora andar. E, andando, lê. É quando se depara, na revista *Le Mercure de France*, com o anúncio de um prêmio oferecido pela Academia de Dijon, estímulo que vai levá-lo a escrever seu primeiro grande texto, o discurso em que nega o progresso. Curioso: Rousseau está indo encontrar um dos pais da *Encyclopédie*, um defensor das Luzes, um iluminista da gema, e é nesse trajeto que nasce para a filosofia *contrária* às Luzes. De todo modo, é fascinante ver o nascimento de alguém para a filosofia e, mais ainda, o despertar, numa pessoa, da vocação que fará sua vida.

Um ano depois, ele dirá, no *Discurso sobre a desigualdade*[3], que o melhor na humanidade é a *pitié*, que, ao pé da letra, seria "piedade": mas pessoalmente prefiro *compaixão*, que usarei daqui em diante. "Piedade", em português, é condescendente; "compaixão" é mais igualitário, mais respeitoso com o outro — mais adequado ao que Rousseau quer dizer.

Desde os gregos, era praxe distinguir o homem dos animais porque somente nossa espécie teria razão ou sociabilidade: animal racional, ou *zoon logikon*; animal social, ou *zoon politikon*. Rousseau discorda: o que nos caracteriza é a capacidade de compartilhar o sofrimento de qualquer outro ser vivo. Observamos outros viventes sofrerem — e então sofremos juntos. Esse processo mental, que resulta da imaginação, é fortíssimo.

Qualquer outro ser vivo: a compaixão não se limita aos demais humanos. Vai além da nossa espécie. Vai além da própria solidariedade, que é mais racional. A compaixão é quase instintiva.

É claro que Rousseau está falando do que há de *melhor* no ser humano. Não afirma que estejamos sempre à altura disso. Não me parece que esteja descrevendo uma realidade — está prescrevendo um ideal, mas ancorado em nosso modo de ser. Nosso pensador vê, na história humana, uma

---

3. O título completo deste ensaio de Rousseau é *Discurso sobre a origem e os fundamentos da desigualdade entre os homens*. [N.E.]

decadência pronunciada. Evoca, com nostalgia, um tempo anterior à escrita, à história — anterior à própria sociedade.

Dentre os grandes filósofos contratualistas, que incluem Hobbes e Locke, talvez ele seja o único a considerar que o estado de natureza tenha realmente existido. Naquele tempo puro, antigo, a compaixão não era limitada por tudo de ruim que milênios de vida em sociedade trouxeram. Expliquei que, para ele, o ser humano não é essencialmente animal racional ou sociável: na verdade, o que nos *perverteu*, o que causou nossa *decadência*, foi *justamente* a razão e a vida em sociedade.

O ser humano deixou de ser "homem da natureza" para se tornar "homem do homem": isto é, não nos percebemos mais como somos verdadeiramente, como a natureza nos fez, mas a partir da forma como o *olhar* do outro nos constituiu. Enxergamos a nós mesmos tomando emprestada a visão alheia. Isso nos impede de ver quem somos. (Se isso lhe lembrar algo de autoajuda, não está errado; ela pegou muita coisa de Rousseau, mas geralmente sem o confessar.)

A compaixão é a única base para uma ética autêntica. Mas vejam que interessante: aprendemos que a ética lida com o *dever ser*, com a prescrição, com o ideal. Mas Rousseau a enraíza em nossa natureza, no que *somos*, na descrição, em nossa realidade. Para ele, não tem sentido a oposição que seus contemporâneos Hume e Kant firmarão entre *ser* e *dever ser*. Porque ele fundamenta a ética em nossa natureza pura, anterior à degradação que a vida social, a política e as próprias ciências e as artes lhe aportaram. O homem da natureza, o ser humano genuíno, é essencialmente ético. Não ser ético é um desvio. A ética talvez não seja um esforço; ela simplesmente corresponde ao que somos. O trabalho da história, da vida social, da própria razão é que nos desviou de uma ética primordial. Não que a ética seja fácil. Voltar ao estado de natureza é *impossível*. Regressar a ela está fora de questão. Mas nossa natureza, infelizmente deturpada, foi ética. Por isso afirmei que Rousseau, ao falar da compaixão, trata do que é melhor — porque ético — no ser humano.

✦ ✦ ✦

Antes de Rousseau, ou sem sua influência notável, seria fora de questão enfrentar uma pandemia com distanciamento físico, medidas de proteção, *lockdown* ou auxílio emergencial. Isso porque a compaixão não tinha a importância que ele lhe conferiu.

Deixaríamos morrer milhões de semelhantes — no máximo, iríamos lastimar sua morte. Tomemos como exemplo o rei mais longevo da história da França, Luís XIV, o Rei-Sol. Construindo Versalhes, fazia guerras de conquista e gastava dinheiro a rodo com luxo, enquanto multidões passavam fome e morriam à míngua. Diz um biógrafo dele que, sinceramente, se compadecia, mas que sentia que *nada podia fazer.* É claro que poderia, se gastasse menos com luxo (uma indústria pujante em seu tempo) e com aventuras militares. Isso, porém, não entrava em sua cabeça.

O que provavelmente faríamos com os miseráveis ou os doentes, antes de Rousseau, é o que, na natureza, acontece com um animal que nasce com um defeito ou se machuca seriamente: deixaríamos morrer. A natureza seguiria seu curso. Porém, desde esse grande pensador, começamos a proteger e defender mesmo os mais sofridos. Não deixa de ser curioso que o defensor da natureza, o crítico mais severo da sociedade, do progresso, das ciências, tenha acabado como o inspirador de uma ética pela qual a sociedade, graças ao progresso científico, acode os que a natureza condenaria à morte.

O que quero desenvolver nesta primeira parte é isto: como se construiu uma sensibilidade — e uma ética — pela qual pensamos que nenhum ser humano deva ser abandonado ao acaso infeliz, de forma a fazermos o possível para ajudá-lo. (Infelizmente, subsistem em nosso mundo bolsões de crueldade, pré-rousseauístas, que, desdenhando os mortos ao dizerem que quem gosta de osso é cachorro ou que não é coveiro, se esforçam no sentido de um retrocesso ao tempo em que ver a crueldade causava enorme *prazer*.)

✦ ✦ ✦

Por isso mesmo, antes de prosseguir, vou tratar do *inverso* da compaixão. Antes de Rousseau — que, embora não tenha sido quem sozinho *causou* uma mudança, foi quem melhor a expressou, quem deu ao mundo *consciência* dessa mudança rumo à comiseração, à compaixão, à *pitié* —, prevalecia o que denominarei *voyeurismo dos espetáculos*. Está próximo do que hoje chamaríamos de sadismo (um termo que ainda não existia). Ver os outros sofrerem dava prazer. Talvez fosse essa a primeira "sociedade do espetáculo", antes que o lazer de massas conseguisse espaços como o do rádio, da televisão e da internet.

Fazia parte do Antigo Regime, período histórico que finda com as revoluções Americana e Francesa, o espetáculo dos suplícios. Podemos ler, na abertura de *Vigiar e punir* (1975), provavelmente o livro mais conhecido e influente de Michel Foucault, a execução de Damiens, que tentara ferir ou matar Luís XV, rei da França, ocorrida em 1757. É praticamente igual aos suplícios que liquidam, dois anos depois, em Lisboa, a família nobre dos Távoras, acusada de atentar contra José I, rei de Portugal. Sempre com o propósito de causar o máximo de dor, de alongar o sofrimento o quanto for possível, retardando a morte. E o público assiste a essas execuções sofregamente; eram o entretenimento da época. Norbert Elias comenta que, em plena Renascença, em cidades francesas nas quais não houvesse quem executar, o carrasco punha fogo num saco cheio de gatos, para alegria dos espectadores; ou, caso faltasse gente a matar, uma cidade comprava um condenado à morte de algum burgo próximo.

A execução de Damiens é o último suplício assim horroroso a ser praticado na França. Mas, mesmo quando a pena de morte é simplificada, com a guilhotina, que mata de forma instantânea (e não esqueçam: *científica*), ela continua a ser infligida em público. Contudo, na primeira metade do século XX, vai sendo retirada das praças e passa a ser praticada em sigilo — até que, finalmente, já na segunda metade, a pena de morte é abolida em quase todos os países desenvolvidos.

Em seu romance *Le Roi des aulnes* [O rei dos álamos] (1970), Michel Tournier descreve a última execução pública da França, no dia 17 de junho de 1939. A multidão ocupa, desde cedo, a praça à entrada da prisão de Versalhes. O sol de verão está forte, o que ajuda os fotógrafos a colher com precisão imagens da lâmina descendo rumo a seu pescoço, como em câmera lenta. As fotografias, publicadas nos jornais, detalhando cada etapa pela qual a lâmina corta a carne ainda viva, causam tal choque

que o governo francês prontamente proíbe as execuções públicas. Mas esse processo de confinamento do suplício máximo no interior das prisões ocorre, em quase todos os países ditos civilizados, na primeira metade do século XX. Vejam como a pena de morte vai mudando. Nos tempos pré-democráticos, ela é uma festa. O ideal é a maior audiência que há para o sofrimento alheio, se possível ampliado na dor e prolongado no tempo. Depois, vêm as formas científicas de execução, instantâneas, eliminando a multiplicação da dor física e reduzindo o espetáculo à sua essência, à privação da vida — em suma, privando-o de seu caráter de entretenimento, até mesmo de sua natureza espetacular. Numa etapa ainda posterior, elimina-se seu caráter espetacular. O Estado imporá a morte a portas fechadas. Em vez do público e das fotografias, um simples boletim informará que a "justiça foi feita". O espetáculo, antes parte essencial da execução, até porque teria uma finalidade pedagógica — dissuadindo os circunstantes de cometer crimes capitais —, é suprimido.[4] E, finalmente, será abolida a pena de

---

4. Eu morava em Paris havia menos de dois meses quando foram guilhotinados Buffet e Bontems, condenados depois da morte de um agente carcerário, em novembro de 1972. Lembro que saí para comprar o vespertino *Le Monde*, voltei ao meu estúdio e abri o jornal sobre a mesa, para tomar um lanche enquanto desfrutava o prazer de ler, toda tarde, um jornal extraordinário.

morte — a tal ponto que a União Europeia vem a determinar que ninguém entre em seu seleto clube se não suprimir, antes, tal pena.

Estados Unidos e Japão são os dois únicos países, dentre os mais ricos, nos quais a pena de morte perdura ainda hoje. E é bom lembrar que a América Latina foi um dos primeiros espaços do mundo a repudiar a pena de morte, desde o século XIX, muito antes dos países ditos desenvolvidos.

Sim, quando Rousseau critica, em sua carta a D'Alembert, os espetáculos, ele tem em mente, antes de mais nada, o teatro regular; mas não pode estar fora de seu horizonte essa cena mais popular, em praça pública, e não numa sala fechada, sem cobrança de ingressos, que é a morte sob tormento.

A novidade que traz Rousseau, a compaixão, colide com a tortura, o tormento, o esmero, no infligir a morte à vítima. Ou, se não a morte, outros tormentos ao corpo: não à toa, em inglês, *pena capital* pode designar a pena de morte, mas também a amputação, a mutilação: decepar o nariz, as orelhas,

---

Ao ver a manchete, derramei o café, tal foi meu choque. Robert Badinter, advogado de Bontems, descreveu na imprensa, dias depois, a execução e foi ameaçado de processo, porque, a essa altura, era proibido divulgar o que quer que fosse além do sisudo boletim oficial. Note-se a inversão radical: do espetáculo popular se chegou ao sigilo quase absoluto. Nove anos depois, Badinter, ministro da Justiça de Mitterrand, faria votar a abolição da pena de morte na França.

o pênis, as mãos... Qualquer retalho nos membros metaforiza a morte. As multidões adoravam.

✦ ✦ ✦

Pois bem, mesmo com a abolição da pena de morte e a proscrição legal da tortura, nosso tempo mantém esse prazer com o horror. Enquanto escrevo, o governo brasileiro tem, segundo a imprensa, um "gabinete do ódio"; seu chefe é indiferente aos que sofrem e morrem ("E daí?", comenta ele sobre os mortos pela covid-19; não visitou nenhum hospital, não mostrou nenhuma compaixão pelas vítimas e seus familiares; e não preciso citar mais nada, porque tudo é público e notório); o nazismo parecia coisa do passado, mas emblemas e gestos de supremacia branca e de desprezo por todos os que padecem voltam à cena. Nas décadas passadas, talvez houvesse *vergonha* de expor tais sentimentos. Desde Trump e Bolsonaro, porém, eles voltaram ao espaço público. Retornamos ao Antigo Regime? A compaixão terá sido um breve intervalo numa história do mundo marcada pelo sadismo?

Assim que se democratizaram os governos da América Latina, ouvi, no Brasil, na Argentina, na Guatemala, o mesmo discurso, frequentemente na boca de motoristas de táxi: que o crime crescia, que era preciso reprimi-lo, que "o pessoal dos direitos humanos" impedia isso[5], que esse "pessoal" gostava mais dos assassinos do que das vítimas. De manhã, nas emissoras de rádio brasileiras e de outros países, elogiava-se a violência policial. Compaixão não havia. Tão logo caíram as ditaduras de direita, uma retórica de extrema direita as substituiu. A vontade de destruir a esquerda foi substituída pela de linchar os suspeitos de crimes. (Nem sempre o culpado: bastava a suspeita.) As sementes então plantadas do ódio medraram.

A volta da extrema direita ao poder utilizou o velho álibi do combate à corrupção, como nos anos 1960, época em que "a definitiva noite" se espalhou por *Latinoamérica*. Mas, desta vez, ele não veio junto com a repulsa à subversão, e sim com o ódio ao diferente, a tudo o que o significasse (e que pudesse ser associado a) um comportamento supostamente merecedor de castigo cruel.

Não estou falando apenas da *indiferença* quanto ao volume de mortos. Estou perguntando se não haverá um *deleite*, um prazer, uma volúpia diante de tanta gente morrendo. Porque a indiferença pode ser apenas a face visível de um iceberg mais cruel ainda.

---

5. Duas vezes ouvi, o que é significativo, "o pessoal das *relações humanas*". Precisa interpretar?

No final da longa série *Seinfeld* — para ser exato, nos seus episódios 179 e 180[6] —, o personagem e seus amigos, preparando-se para a consagração que será sua contratação pela rede NBC, decidem festejar seu sucesso em Paris. Mas o jatinho a eles emprestado acaba tendo de efetuar um pouso de emergência numa cidade fictícia de Massachusetts. Enquanto esperam o conserto do avião, veem um homem ser assaltado. Em vez de o ajudarem, fazem piadas. A vítima, então, os denuncia a um policial, que os prende no que será a primeira aplicação de uma nova lei local, a do "Bom Samaritano", votada após a morte da princesa Diana em Paris.

É um *grand finale* porque, para o julgamento dos personagens, são convocados como testemunhas outros personagens que apareceram em episódios ao longo de toda a série, que atestam a indiferença e mesmo o prazer que os personagens tiveram com o sofrimento alheio. Evidentemente, tudo isso era engraçado, assim como o final também o é. Mas acaba sendo uma grande discussão ética: é justo fazer graça com a dor dos outros? É correto mostrar frieza ou, até mais do que isso, prazer e diversão quando a danação é do próximo?

Lembram vocês que, enquanto a princesa de Gales agonizava, os *paparazzi* a fotografavam sem tentar acudi-la? Em vez de salvarem sua vida ou,

---

6. Exibidos em 14 de maio de 1998.

pelo menos, de se esforçarem nesse sentido, ganharam dinheiro. Por isso, diz o policial fictício nessa série de ficção — uma série *cômica* —, decidiu-se punir a indiferença, que é uma forma de maldade. Por que essa maldade, hoje? Por que, no Brasil como em outros países, vigora essa crueldade que consiste em não sentir compaixão?

✦ ✦ ✦

Há duas maneiras de entender essa crueldade ou ódio, esse avesso da empatia. O atual retrocesso democrático pode ser lido ora como um ponto-final (e regressão) num longo e bem-sucedido avanço da democracia, ora como um parêntese que haverá de ser superado. Da mesma forma, podemos dizer que o ódio hoje no poder mostraria o quanto foram superficiais tanto a democratização dos últimos trinta anos como as conquistas na empatia. Ou, então, que tornar democráticas as sociedades e mais humanas as pessoas é um processo demorado, que encontrou uma parada, uma estase, mas que poderá voltar a avançar.

Aqui, estou associando democracia e compaixão. Não há como separá-las, a não ser que tenhamos da democracia — como, por sinal, parte dos cientistas políticos tem — uma visão puramente *instrumental*. Se ela não for mais do que um procedimento para resolver conflitos, não terá nenhum sentido ético ou moral — e, portanto, não precisa ser o que chamo de um *significante-ímã*, que atrai para si os valores reputados bons de uma época.

Significante-ímã: isso se nota quando é usado o termo *democrático* para elogiar. Relações democráticas são, muitas vezes, simplesmente aquelas em que se mostram bons modos, educação — porque atestam um respeito a outrem. Aqui, proponho algo *além disso*: a democracia não requer apenas as boas maneiras, a consideração pelo outro, em quem reconhecemos um igual; isso tudo poderia limitar-se a uma igualdade *jurídica*, a uma aceitação *racional* de uma igualdade de *direitos*. Vamos mais longe do que isso: a questão se torna *sentir com o outro*.

É justamente a compaixão que opera o salto da democracia como procedimento para ela enquanto valor; da democracia como recurso jurídico ou constitucional para ela enquanto fundação das relações decentes entre os homens; do que podemos chamar de *boa política*, da democracia como forma de escolher um governo dentro do Estado, para ela enquanto meio de organizar a sociedade; da democracia como espaço de liberdade, antes de mais nada, política, para ela enquanto lar de todas as formas de liberdade, incluindo a política, sim, mas também as sociais, econômicas, afetivas.[7] A democracia, desse modo, deixa de ser um conceito estritamente político ou jurídico para se transformar em um valor: um dos grandes valores da *ética*.

✦ ✦ ✦

Então, cabe a pergunta: *por que tanto ódio?* A resposta pode soar paradoxal: há os *excluídos* da inclusão social. O processo de inclusão de grupos étnicos historicamente discriminados — mulheres, imigrantes, pessoas com sexualidade não hegemônica[8] — deixou seus descontentes. Gosto do título em inglês do *Mal-estar na civilização*, de Freud: *Civilization and Its Discontents*. Está mais longe do original alemão, mas explicita a existência de *descontentes* com a civilização destaque — no caso, penso nos descontentes com a inclusão social.

É o descontentamento com os imigrantes que alimenta o extremismo de direita na Europa, é o

---

7. Ver também meu livro *A democracia* (2000) e meu artigo "Democracia versus República" (2000). As referências integrais de meus artigos e livros aqui utilizados aparecerão no final do livro.

8. Hegemônico não significa numericamente predominante, mas, sim, aquele que prevalece em termos de poder. Por isso, evito usar o termo "minoria" neste livro. É verdade que a conceituação recente entende minoria não em função de um número, mas da falta de poder. Mas preferi, para deixar clara a conceituação, usar expressões que escancarem a dominação e a opressão, em vez do termo, ambíguo, "minoria".

descontentamento com as sexualidades liberadas que nutre o extremismo dos equivalentes brasileiros dos *petits blancs* franceses — para empregar a expressão que designa os mais pobres dentre aqueles que, apenas teoricamente, seriam a etnia dominante no país. Note-se, no Brasil, a sorte da expressão "racismo reverso": ela tem êxito entre aqueles que se sentem, sendo brancos, menos aquinhoados do que aqueles não brancos, que a mídia — e, a seu reboque, o dinheiro — elegem como seus *darlings*.

Não se deve desdenhar o ressentimento que assim opera as psiques. Não podemos esquecer que os votos decisivos por Trump, em 2016, vieram do "Cinturão da Ferrugem", das regiões desindustrializadas dos Estados Unidos, devendo-se a operários que perdiam seus empregos à medida que as fábricas iam para outros países: são os descontentes da civilização pós-moderna.

O rancor deles cresce porque, enquanto isso, algumas mulheres, alguns negros, homossexuais, imigrantes — em suma, *alguns* excluídos históricos — assumem protagonismo social e midiático.

Não percebem, porém, que a maioria dos grupos excluídos permanece excluída. Pois o que passa na telinha da televisão e na tela, menor ainda, do smartphone é o sucesso de alguns ex-excluídos.

"Quero meu país de volta": o brado reacionário contra as políticas de inclusão social dos governos

Lula e Dilma somente se entende a partir dessa percepção — errada, sim, mas percepções tendem, com enorme insistência, a ser simultaneamente erradas e eficazes — de que ocorreu uma *reversão* não apenas do racismo, mas de todas as exclusões: o antigo incluído se sente agora não só excluído, mas humilhado. O ódio é extremamente poderoso, ainda mais se insuflado por uma sensação forte de *perda* da posição social anterior e de *injustiça* nessa perda.[9]

---

9. Uma anedota dos anos 1960 ilustra bem o caso. Ela já foi engraçada; faz parte do caráter *exemplar* das mudanças ocorridas desde então que ela já *não* o seja. Um inglês deixou seu país e lhe perguntam por quê. "Quando eu era moço, era crime a homossexualidade. Hoje, ela é permitida. Fui embora antes que seja *obrigatória*." Percebe-se aqui o *pavor* de quem não aceita a *liberdade* do outro e a converte no risco de uma *imposição* sobre si. É a sensação do *inseguro:* o homem perante a mulher, o heterossexual intimidado pela associação entre as palavras orgulho e gay, o cidadão da gema ante o imigrante... Há, porém, um *erro* naqueles que *zombam* dessa insegurança: ela deve ser compreendida, tratada, acolhida. Não há nenhuma base ética para a inclusão de uns implicar a exclusão de outros. Ainda mais porque os novos incluídos, aqueles que a mídia aplaude, são incluídos *pelo alto*. Trata-se de pessoas cujo sucesso a sociedade celebra. Entram em escalões mais altos da sociedade. Mas os novos excluídos são pessoas que *já* eram vulneráveis e que despencam na escala social. Qualquer política consistente de inclusão deve garantir que a inclusão de uns *não* acarrete a exclusão de ninguém. O que se pretende não é vingança, mas justiça. E, na verdade, se fosse vingança, não seria correto vingar-se dos mais humilhados e ofendidos entre os *blancs*, mas, a rigor, justamente daqueles que, nada ameaçados em

A situação é particularmente grave no Brasil, se comparado aos países do Atlântico Norte nos quais também ocorre conflito análogo, porque aqui a inclusão efetivamente operada é mais *midiática* do que real: os discriminados históricos que ascenderam são em número reduzido, apenas o topo de um iceberg que continua, em sua maior parte, imerso em condição subalterna.

Esses poucos agora integrados acabam servindo de pretexto, mesmo não o querendo, para se afirmar que a inclusão avança, e isso apesar de não enfrentar a pobreza. Vejam a alegria que se espraia quando uma pessoa de origem pobre ganha um Big Brother: sua vitória permite alegar que há uma justiça social, até porque o sucesso individual geralmente é apresentado como uma história de *superação*.

Bem-aventurado o pobre que se esforçou muito mais do que o rico e, assim, conseguiu chegar à beira da mesa. A alegação do esforço pessoal, do forte mérito, isenta a sociedade de ser justa. O fato de uns poucos se projetarem dispensa o sistema de promover uma igualdade de oportunidades. E o pior é que aqui estou falando de pessoas *boas*, que recebem de braços abertos os ex-excluídos que conseguiram vencer a barreira. Se essas são as pessoas

---

seu status, são justamente os que agora acolhem, de braços abertos, os neoincluídos.

boas, o que dizer das que são más? O volume da maldade será bem maior do que acreditávamos. Vejam nas novelas as pessoas boas. Acolhem, sim, mas acolhem os pobres que o merecem: os pobres que merecem deixar de ser pobres. Para ser aceito, o pobre precisa demonstrar que ele pode deixar de ser quem é. Ele precisa renegar-se. Ele necessita compartilhar os valores que o excluíram. Para se tornar um ex-excluído, tem de excluir-se de sua cultura.

A mídia elege pessoas não brancas, não heterossexuais, não homens, mas que sejam charmosas ou inteligentes: isso passa a impressão de que o mundo deixou de ser injusto. Mas são poucos esses eleitos. A maioria continua excluída, porque continua concentrado o dinheiro, o capital.

Daí que a inclusão dessa pequena parte de ex-excluídos se dê seguindo o velho padrão colonial e escravagista da cooptação, magistralmente descrito por Gilda de Mello e Souza. Em seu *A moda no século XIX*, em especial o último capítulo[10], ela mostra como a sociedade do Segundo Reinado absorvia os bacharéis mulatos, para melhorar a inteligência,

---

10. Publicado como "O mito de Borralheira" na revista *Discurso* (v. 7, n. 7, p. 5-21, 1976. Disponível em: https://revistas.usp. br/discurso/article/view/37798/40525. Acesso em: 11 ago. 2021). É parte de uma tese de doutoramento, *A moda no século XIX*, posteriormente editada em livro como *O espírito das roupas* (São Paulo: Companhia das Letras, 1987).

e as beldades pobres, para aumentar a beleza de uma classe social — que, no entanto, no todo, permanecia a mesma. Mudava alguma coisa para tudo se manter igual, se adaptarmos a frase lapidar de Lampedusa, no seu romance *Il gattopardo*.

✦ ✦ ✦

Contudo, apesar dos avanços democráticos, apesar do crescente horror civilizado à pena de morte, a verdade é que a pregação dos tormentos continua presente num espaço *lumpen* da consciência social. Tornou-se de mau tom defender a tortura, a imposição da dor física, tudo o que era o cotidiano da "justiça" do Antigo Regime. No entanto, o gosto pela dor alheia transferiu-se para um inconsciente social que, infelizmente, não é tão pequeno.

Ao longo dos anos de democratização no Brasil e em outros países latino-americanos que tive a ocasião de visitar, o lar do ódio eram programas popularescos de rádio e televisão. Em anos mais recentes, com o avanço do bolsonarismo e movimentos análogos, esse prazer ante a dor do outro veio à tona. Exemplo claro disso está no presidente do Brasil ostentando, com visível prazer, em abril de 2021, uma placa com os dizeres "CPF cancelado", forma vulgar pela qual as forças repressivas festejam a morte de suas vítimas. Como o CPF é um documento de identidade, cancelá-lo significa matar seu portador. Que isso se torne motivo de festa é indicativo de que o velho espetáculo dos suplícios continua vivo e forte. E aqui é espetáculo mesmo, não um mero entretenimento. Uma coisa é entreter, distrair, divertir, em suma, tirar você de suas preocupações cotidianas para lhe proporcionar algum deleite. A essência do entretenimento é a *distração*: afastar do que é desagradável, penoso, trabalhoso. Já o cerne do espetáculo é a *concentração*: induzir a uma atenção forte voltada para algo tornado central em sua vida.

As paixões más nunca desapareceram por completo. Estiveram presentes nos regimes de força: de forma explícita, nos fascismos, porque eles se gabavam desavergonhadamente do óleo de rícino que faziam suas vítimas engolirem, da violência que infligiam; mas, de forma mais complexa, em outros autoritarismos, inclusive o comunismo, que praticavam um duplo padrão: um discurso, uma teoria, uma doutrina ou prédica do bem, porém uma prática da violência e do mal. Justificaram-se com base numa espécie de defesa da sociedade ou, até mesmo, das "pessoas de bem" — no caso, os trabalhadores — que estariam ameaçadas pelas do mal. Mas esse era e é apenas um pretexto para dar vazão ao sadismo e às pulsões cruéis. Vejam o caso do Bar Bodega, a meu ver, típico.

Em 1996, nesse bar em São Paulo, um assalto culminou em assassinato. A polícia logo acusou alguns suspeitos, que foram apresentados ao público. Contudo, depois de alguns dias, a Promotoria os inocentou e liberou, porque só haviam confessado sob tortura. Graças ao Ministério Público, logo se chegou aos verdadeiros criminosos. Mas o interessante é que pelo menos uma pessoa próxima de uma vítima protestou fortemente contra a Promotoria, isso apesar de esta ter deixado claro que os acusados iniciais eram inocentes. A pessoa em questão reclamava de impunidade. Ora, esse episódio me ensinou que o desejo de punir é tão forte que nem é mais desejo de punir (porque "punição" ou "castigo" incidem sobre o culpado), mas uma empolgação por fazer sofrer *qualquer um* que possa ser bode expiatório pelo crime — o que, no Brasil, significa geralmente negros e pobres. Nosso país não se caracteriza tanto, ou só, pelo punitivismo: mas por um desejo forte de *fazer sofrer*.

O ódio não é uma paixão sequer remotamente ligada a um anseio de justiça, ainda que exagerado, desmedido. O ódio é um desejo de que alguém sofra intensamente, para aplacar a vontade de vingança das vítimas e seus próximos. Nesse desejo de infligir sofrimento, a efetiva culpa do supliciado é irrelevante.

✦ ✦ ✦

Quando, numa sociedade, se alastra a sensação de vitimismo, aumenta a vontade de fazer sofrer. Vejam, não falo de casos em que se alastre o crime, mas da *sensação* de ser alvo de um crime. Ações que em si nada têm de criminosas são assimiladas a crimes. O que sucedeu no Brasil, levando ao *impeachment* de Dilma Rousseff, foi dessa ordem. Durante meses ou anos, a Rede Globo associou o governo petista à corrupção. Como esta, por sua vez, é responsabilizada por tudo de ruim que possa haver no país, o resultado é supor que nossos problemas decorram, todos, de crimes. Daí que a reação a eles deva ser a impiedade.

Uma sociedade assim ignora a compaixão. As cenas horríveis a que temos assistido, desdenhando a dor e a morte, são sinais dessa ruptura do tecido afetivo que enlaça os seres humanos. Poderíamos sugerir uma rápida hierarquia pensando no nazismo. Houve níveis diferentes de complacência com a maldade. Alguns ignoraram sua dimensão, ainda que, nas ruas, vissem judeus sendo roubados, humilhados, espancados. Outros se acumpliciaram em maior medida, como os soldados que tomaram parte em massacres, matando os comissários políticos do Exército Vermelho, embora estes fossem protegidos pelas convenções que proibiam os excessos na guerra. Por fim, houve os que participaram diretamente dos campos de extermínio e das marchas da morte. São níveis distintos, e, na punição dos criminosos de guerra, essas diferenças foram levadas em conta. Todavia, todos compartilhavam a desumanidade. Desde o momento em que se tolera a expulsão de um judeu de um bonde ou o confisco de sua loja, o caminho está traçado para a câmara de gás.[11]

O famoso poema do pastor Martin Niemöller — que, em 1966, receberia o Prêmio Lênin da Paz[12] —, sobre a omissão sucessiva ante os horrores, ilustra bem isso:

> Quando os nazis vieram buscar os comunistas,
> eu fiquei em silêncio;
> eu não era comunista.
>
> Quando eles prenderam os social-democratas,
> eu fiquei em silêncio;
> eu não era social-democrata.
>
> Quando eles vieram buscar os sindicalistas,
> eu não disse nada;
> eu não era sindicalista.
>
> Quando eles buscaram os judeus,
> eu fiquei em silêncio;
> eu não era judeu.

---

11. Se alguém puder, veja esta obra-prima que é *A pequena loja da rua principal*, filme tchecoslovaco de 1965, dirigido por Ján Kadár e Elmar Klos.

12. Talvez seja uma vergonha para o Prêmio Nobel da Paz não o ter premiado. Há várias versões desse poema, todas elas autênticas.

Quando eles vieram me buscar,
já não havia ninguém que pudesse protestar.

É o que vemos nos programas de rádio e televisão que continuam atacando os direitos humanos; é o que ouvimos na recente declaração da apresentadora Xuxa Meneghel, pedindo que os presos servissem de cobaias humanas para experimentos que pusessem em risco suas vidas[13] — assim ela repetia, soubesse-o ou não, o que fizera o doutor Mengele, que, para nossa vergonha, haveria de morrer, sem que ninguém o perturbasse, numa conhecida praia paulista.

✦ ✦ ✦

Voltemos à compaixão, agora que vimos como ela é importante para tornar a humanidade melhor — e como está em risco em função daquilo que alguns chamam de "a grande regressão", o movimento que,

---

13. D. Castro, "Xuxa sugere que prisioneiros sejam cobaias em testes: 'Serviriam para algo'", *UOL*, Notícias da TV, 26 mar. 2021. Disponível em: https://noticiasdatv.uol.com.br/noticia/celebridades/xuxa-sugere-que-prisioneiros-sejam-cobaias-em--testes-serviriam-para-algo-54163. Acesso em: 11 ago. 2021.

nesses anos, fez recuar tantos ganhos humanos.[14] Rousseau assim a define:

> Refiro-me à piedade, disposição conveniente a seres tão fracos e sujeitos a tantos males como nós; virtude tanto mais universal quanto mais útil ao homem que precede nele ao uso de toda reflexão, e tão natural que os próprios animais dão, às vezes, sinais sensíveis dela; sem falar da ternura das mães pelos filhos e dos perigos que afrontam para defendê-los, observamos todos os dias a repugnância que têm os cavalos em pisar um corpo vivo. Um animal não passa sem inquietação perto de um animal morto de sua espécie: alguns lhes dão mesmo uma espécie de sepultura; e os tristes mugidos do gado, ao entrar no matadouro, anunciam a impressão que ele recebe do horrível espetáculo que o comove.

Nosso pensador não gosta muito da palavra (e da ideia de) "reflexão", irmã que é da razão. Impossível imaginá-lo escrevendo, como fará Edmund Burke algumas décadas depois, "reflexões sobre..." (no caso, a revolução na França). Se alguns filósofos, como Sócrates, chegaram à virtude pela razão, diz Rousseau que "há muito tempo que o gênero

---

14. Ver meus artigos "A democracia vai crescer ou diminuir?" (2017) e "O Brasil voltou cinquenta anos em três" (2019).

humano não mais existiria, se a sua conservação tivesse dependido exclusivamente dos raciocínios dos que o compõem".

O que Rousseau escreve, em absoluto contraste com a razão, são devaneios. *Rêveries*. Ele sonha acordado, em *Os devaneios do caminhante solitário*, obra que deixa incompleta e que somente sairá depois de sua morte.

Vimos como Rousseau nasceu para a filosofia — lendo, enquanto caminhava para visitar um amigo. Caminhar solitário é um de seus gestos básicos. Pode olhar a natureza, como faz no começo dos *Devaneios*, identificando plantas nos arredores de Paris. Pode ler. Sua descoberta da filosofia se dá andando *para uma prisão*. Nela está um dos maiores filósofos de seu tempo, mas Rousseau filosofará da maneira mais oposta possível a ele.

Toda cena primitiva merece atenção.

Kant dirá que, de repente, despertou do seu "sono dogmático". O padre Vieira afirmava que nada fazia de original, até que uma centelha o acordou: é o famoso "estalo de Vieira". Pois Rousseau ia visitar seu amigo Diderot, que estava preso por ordem régia no castelo de Vincennes. Ora, ele ia a pé, pobre que era, mas também por ser amante de andar, e, enquanto caminhava, *lia*. Essa leitura vai lhe permitir as maiores descobertas de sua vida, digamos, duas: primeira, a vocação do pensar, que chamaríamos de filosofia, não fosse seu repúdio aos *Philosophes* cuja crença na razão ele repele; segunda, a descoberta de *sua* filosofia, de seu pensamento da natureza, em contraste com a valorização da cultura. Porém, ainda mais, esse homem que não tem dinheiro e, por isso mesmo, paradoxalmente, é livre como ninguém — livre como um *passarinho*, poderíamos dizer — está a caminho de uma prisão. Vai oferecer afeto a um preso, a um perseguido. E, oferecendo-o, vai também discordar radicalmente dele. Anda para lhe dar afeto e, lendo enquanto anda, descobre como um e outro são tão diferentes. Acorda para a filosofia, discorda dos filósofos.

A questão sobre a cena primitiva é uma das mais fortes que há. Como você se tornou o que é? Pergunto a você, leitor. Talvez não haja questionamento mais importante do que esse, que aqui instauro na filosofia, mas que você pode formular para a profissão que escolheu, o amor que o faz florescer, em suma, palavra riquíssima, sua *vocação*: como ouviu a *voz* que lhe diz quem você é?

Ainda sobre o caminhar: um quarto de século mais tarde, no dia 24 de outubro de 1776, Rousseau conta que está voltando a Paris de um passeio pelos campos, onde identificou plantas e viu os trabalhadores completando a vindima. Como várias vezes nos *Devaneios* (este é o segundo dentre dez, o *Segundo passeio*), ele faz, a partir do que vê na natureza, uma metáfora de sua existência:

O campo, ainda verde e risonho, mas parcialmente sem folhas e já quase deserto, oferecia por toda a parte a imagem da solidão e da chegada do inverno. De sua aparência resultava uma mistura de impressão suave e triste, muito semelhante à minha idade e ao meu destino, para que eu não a aplicasse a mim mesmo.

A natureza, assim, lhe permite penetrar seus próprios sentimentos; a princípio, por *analogia*; mas, num segundo e decisivo momento, suspendendo toda metáfora e fazendo-o fundir-se com ela, natureza. Numa atividade narrada no *Quinto passeio*, no lago de Bienne, dirá ele:

> De vez em quando nascia alguma reflexão débil e curta sobre a instabilidade das coisas deste mundo, da qual a superfície das águas me oferecia a imagem: mas logo essas leves impressões se desvaneciam na uniformidade do movimento contínuo que me embalava, e que sem qualquer cooperação ativa de minha alma me prendia a tal ponto que, chamado pela hora e pelo sinal combinado, só com esforço eu conseguia me afastar dali.

Das duas vezes, a natureza desperta sentimentos que Rousseau percebe como *análogos* à sua condição; em ambos os casos, sentimentos penosos, a solidão uma vez, a instabilidade na outra; mas a natureza logo *destrói qualquer metáfora* e desfaz qualquer tradução das sensações em linguagem humana, em melancolia — sim, elas voltam a ser *puras*, meras *sensações*. Assim, de novo no dia 24 de outubro de 1776, retornando à cidade, Rousseau é colhido por um enorme cão, que o derruba, fazendo-o desmaiar, mas o incidente lhe possibilita, ao voltar a si, uma das sensações mais *deliciosas* de sua existência. Não importa que esteja ensanguentado, nem lhe importará que, horas mais tarde, chegando em casa, sua mulher grite, preocupada com ele; o fato é que, ao recuperar-se do desmaio, já de noite, prostrado no chão:

> Esta primeira sensação foi um momento delicioso. Só me sentia graças a ela. Nascia neste instante para a vida, e me pareceu que preenchia com minha leve existência todos os objetos que percebia. Inteiro no momento presente, não me lembrava de nada; não tinha nenhuma noção distinta de mim mesmo, nem a menor ideia do que acabara de acontecer comigo; eu não sabia quem eu era ou onde estava; não senti mal, nem medo, nem preocupação. Via meu sangue fluir, como teria visto um córrego, sem nem mesmo pensar que esse sangue me pertencesse de alguma forma. Senti uma calma deliciosa por todo o meu ser, à qual, sempre que lembro, nada encontro que se compare em toda a gama dos prazeres conhecidos.

São duas as cenas primordiais de Rousseau: uma é aquela caminhada até Vincennes, solidário com um filósofo perseguido, mas sem imaginar que desse passeio resultará sua ruptura com tudo o que é *Philosophe*; isso antes de sua obra, antes de sua fama; outra é essa tardia, já no final da vida, desapontado com os homens, desesperançado de obra e fama, quando perde toda a noção distinta de sua individualidade e, no entanto, encontra o maior dos prazeres possíveis. Indo a Vincennes, solidário com o perseguido, Rousseau não pode imaginar que, um quarto de século depois, regressando de Ménil-Montant, estará ele mesmo solitário e, talvez, perseguido.

Este é um dos enormes paradoxos de Rousseau. Kant, que tanto o admirava, falará em razão pública. Rousseau, em devaneios solitários. Não há sociedade no que é mais íntimo para ele. Aliás, *intimidade* é uma ideia, um conceito, quem sabe uma invenção profundamente rousseauísta.[15] Mas a escolha da solidão não significa uma falta de solidariedade com o mundo; muito pelo contrário, vem junto com a compaixão, que, como já expliquei, é mais do que a solidariedade, é um sentimento

---

15. A *palavra* existia antes dele. O que quero dizer: a intimidade é valorizada somente a partir dele. Richard Sennett, aliás, chama o último capítulo de seu *O declínio do homem público* de "O triunfo da intimidade".

básico. A companhia dos seres humanos — degradados pela razão e pela comparação de uns com os outros — não lhe dá prazer, mas a comunhão com a natureza, sim. Rousseau vai além da sociedade em busca de algo que a precede e supera. Aliás, os *Devaneios*, ele os escreve para aplicar o barômetro à alma; poderíamos dizer: para acompanhar o que passa em sua mente enquanto ela *vaga*, enquanto ela *vagabundeia*.

✦ ✦ ✦

Vê-se, com prazer, o autor da *Fábula das abelhas* [Bernard Mandeville], forçado a reconhecer o homem como um ser compassivo e sensível, sair, no exemplo que dá do seu estilo frio e sutil, para nos oferecer a patética imagem de um homem aprisionado que percebe, fora, uma besta feroz arrebatando uma criança do seio da mãe, quebrando com os dentes assassinos os seus frágeis membros e despedaçando com as unhas as entranhas palpitantes dessa criança. *Que horrível agitação experimenta a testemunha de um acontecimento no qual não tem nenhum interesse pessoal!* Que angústia não sofre ao ver tal coisa, sem poder socorrer a mãe desfalecida ou a criança em agonia! (grifos meus)[16]

---

16. Voltamos ao *Discurso sobre a desigualdade*.

O sentimento de compaixão *vai além de qualquer interesse nosso*. Extrapola o utilitarismo. Sim, porque muitos dirão que mesmo nossos melhores sentimentos são uma capa para encobrir algum interesse pessoal. Lembrem Freud: ao sustentar a origem sexual de muito o que está em nossa psique, ele desmonta a autossuficiência complacente daqueles que se dizem bons, bondosos, caridosos. Uma parte substancial do trabalho de Freud, como de Marx e Nietzsche antes dele, consistiu nesse desmonte dos supostos bons sentimentos. Ora, Rousseau, como a refutar esses três grandes pensadores antes mesmo de eles nascerem, diz: até sem interesse nenhum, o sofrimento alheio fere-nos a alma:

> a piedade é um sentimento natural, que, moderando em cada indivíduo a atividade do amor de si mesmo, concorre para a conservação mútua de toda a espécie. É ela que nos leva sem reflexão em socorro daqueles que vemos sofrer; é ela que, no estado de natureza, faz as vezes de lei, de costume e de virtude, com a vantagem de que ninguém é tentado a desobedecer à sua doce voz.[17]

---

17. Acrescentando: "Tal é o puro movimento da natureza, anterior a toda reflexão; tal é a força da piedade natural que os costumes mais depravados ainda têm dificuldade em destruir, pois vemos todos os dias, nos nossos espetáculos, toda a gente se enternecer e chorar pelas desgraças de um infeliz, como se

Até os animais sentem compaixão, diz Rousseau. Até um preso, não sabemos se detido justa ou injustamente, se desespera ao não poder acudir um bebê que está sendo morto. *O sofrimento*, explica ele, *de qualquer ser vivo*. Ele nos dá exemplos de animais que vemos sofrer e nos comovem — ou que se comovem com o sofrimento alheio. Todos os que ele menciona, se bem me lembro, são mamíferos. São aqueles com os quais é mais fácil nos identificarmos, sejam os mamíferos grandes, da enorme família dos símios, que, no século XIX, descobriríamos serem nossos remotos parentes, sejam os pequenos que domesticamos, como um gato, um cachorro, um hamster — ou ainda, ambiguidade espantosa, um ratinho, desde que seja personagem de quadrinhos ou desenho animado (torcemos por eles, contra os maldosos gatos; mas isso pelos ratos de ficção, não pelo rato real, que nos causa pavor e asco).

✦ ✦ ✦

estivesse cada qual no lugar do tirano e agravasse ainda mais os tormentos do seu inimigo: como o sanguinário Sila, tão sensível aos males que não causara, ou Alexandre de Feras, que não ousava assistir à representação de nenhuma tragédia, com medo de que o vissem gemer com Andrômaca e Príamo, enquanto escutava, sem emoção, os gritos de tantos cidadãos que se degolavam todos os dias por sua ordem."

Talvez a fronteira do vivo vá além dos animais e chegue até o reino vegetal. Não sentiríamos compaixão apenas pelos humanos, está claro, nem só pelos animais, mas também — talvez — pelas plantas. Rousseau não explicita isso, mas o implica: porque falou em seres *vivos*.

No leve e agradável filme *Notting Hill* (1999)[18], aparece subitamente — em papel bem secundário — uma moça que é "lapsariana". Lapso significa queda; lapsariano será quem, explica ela, não come vegetal, seja legume, seja fruta, a não ser que já tenha *caído* da árvore em que nasceu. Ora, *arrancar* uma maçã da macieira é o gesto primordial que John Locke associa à constituição primeira da propriedade, na medida em que me aproprio, por meu trabalho — mesmo um tão elementar como o de meramente quebrar o pedúnculo da fruta —, de um bem comum (a safra que a natureza, pródiga, fornece) para alimentar-me. Só me alimento ao transformar a propriedade comum em particular, ao privatizá-la, mas isso qualquer um de nós já faz, antes mesmo de haver trocas, moeda, Estado, sem prejuízo a ninguém mais. É algo natural: o trabalho gera, naturalmente, a propriedade.

Pois bem, a moça lapsariana, que faz uma curta aparição e será lembrada (se o for!) apenas pelo seu

---

18. No Brasil, intitulado *Um lugar chamado Notting Hill*, dirigido por Richard Curtis, com Julia Roberts e Hugh Grant no elenco.

breve comentário — de que só come frutas que caíram da árvore —, que, na comédia em questão, é mais uma passagem cômica, engraçada, está radicalizando Rousseau. Leva às devidas consequências a convicção de que todo sofrimento infligido a um ser vivo deve despertar nossa compaixão. Portanto, nem pensar em *arrancar* a fruta: para comer, é preciso deixá-la *cair*.

Não encontrei nada a respeito dos lapsarianos, se é que existem, embora muito tenha pesquisado na internet. É fascinante, tentador, pensar que se trate de uma ficção — ainda mais porque a cena com a moça que só come frutas caídas, decaídas, é inteiramente *inútil* no enredo, o que só a torna ainda mais interessante. Para um lapsariano, nem mesmo o veganismo seria opção. Há vegetarianos por questão de saúde e outros por questões éticas: aqueles que não querem causar dor aos animais. Numa passagem que citamos, Rousseau menciona os bois que estão sendo levados ao matadouro e pressentem que serão mortos. O vegano vai além; não se limita a recusar comer carne; tampouco aceita produtos renováveis que se extraem dos animais — como os derivados de leite. Não usa couro em hipótese alguma, nem lã ou seda. Mas, radicalizando Rousseau como a *solitária* personagem de *Notting Hill*, isso ainda seria pouco. Faltou respeitar o mundo vegetal.

Um cuidado se estende para aqueles que vão nos alimentar. No livro *Todas as sextas*, a chef Paola

Carosella recomenda, ainda no universo não vegetariano, que somente utilizemos ovos botados por galinhas que tenham "uma vida digna", isto é, que não foram confinadas em granjas, não foram alimentadas com ração, e por aí vai.[19] Aliás, o livro até parece uma aplicação prática do belo conto de Patricia Highsmith sobre a granja industrial, em que as galinhas são torturadas pela luz permanentemente acesa (para que botem ovos mais de uma vez por dia), pelo confinamento em espaço exíguo, pela alimentação forçada, padronizada, sem prazer[20] — até que, num gesto extraordinário de justiça, as aves se revoltam.

Muito antes de alguns contemporâneos nossos denunciarem, com o neologismo "especismo", o fechamento da espécie humana sobre si, Rousseau

---

19. "Recomendo usar apenas ovos de galinha de vida digna, e frangos de vida similar. E por vida digna entendo que tenham sido criados soltos e não trancados em gaiolas, que tenham tido a oportunidade de dormir no escuro, que tenham sido tratados como tratávamos os animais quando os criávamos como animais e não como fontes de proteína" (*Todas as sextas*, São Paulo, Melhoramentos, 2016, capítulo "Só mais uma coisa"). O livro de Paola Carosella não defende o vegetarianismo, mas é evidente sua crítica à criação industrial, contra a qual, aliás, se rebelam as galinhas do conto que adiante cito de Patricia Highsmith. É de se notar também que as empresas estão substituindo a expressão "frigorífico" por "produção de proteína animal", sinalizando talvez uma vergonha em comercializar a morte.

20. O conto, "The Day of Reckoning", faz parte de *The Animal Lover's Book of Beastly Murder* (Penguin Books, 1975).

abria o caminho — mesmo sem o saber — para uma comunhão em torno de todas as formas de vida.

Na verdade, fomos além da compaixão. Rousseau — e nós, seus leitores, com ele — não nos limitamos mais a sentir com outro ser vivo o que ele sofra, disposição esta que o autor menciona no *Discurso sobre a desigualdade*, quando começa a filosofar. Agora, quando está perto de terminar sua vida e sua filosofia, não se trata mais de comunhão com os viventes — e sim de uma fusão com a natureza, *para além da própria vida*, dos animais e vegetais. Talvez mais do que isso: preencher de vida tudo o que existe. (Se há um grande filósofo para pensar a ecologia e o cuidado com o meio ambiente enquanto *valores*, ele é Rousseau.)

A noite que caiu, o céu, tudo é uno. Seu próprio sangue virou rio. Não há mais diferença entre o líquido que corre dentro dele, que lhe dá vida, e as águas que escoam fora dele, que dão vida ao mundo. Essa é uma das mais belas páginas que conheço na filosofia inteira. Que tenham sido escritas — melhor dizendo, *sentidas* — por alguém seriamente machucado, que sua mulher temerá que esteja morrendo, que, na verdade, morrerá menos de dois anos depois[21], tudo isso revela um poder de vida que mal podemos imaginar.

---

21. Em 2 de julho de 1778: daí a vinte meses.

✦ ✦ ✦

Rousseau nos permite radicalizar as questões éticas. (Há um paradoxo aqui, porque afirmei que, para ele, *a ética é simples*; a ética estaria em simplesmente seguir a natureza, mas isso numa época há muito tempo superada. Hoje, deformados que somos, não reagimos mais eticamente de maneira espontânea; por isso, discutir a ética, *radicalizá-la* com esse enorme pensador, faz todo o sentido.) Queremos enfrentar a fome? Muito ético. Vamos fazê-lo aumentando a criação de frangos que sejam abatidos o mais cedo possível, com quarenta e poucos dias? É isso ético? O *meio* não faz o *fim* desandar? Isto é, a criação industrial e impiedosa de proteína animal não será um meio *injusto* para se chegar a uma finalidade *justa*, que é alimentar os desnutridos?
O importante não é responder, já, a esta pergunta. Hoje, seria muito difícil acabar com a fome sem o agronegócio em grande escala. Os alimentos gerados de forma sustentável são caros. Seu volume é insuficiente para atender à demanda mundial por nutrição. Mas ser ético não é necessariamente *já* fazer tudo certo. Pode ser, deve ser, ter um horizonte. Gradualmente chegaremos lá. Chegaremos? Ser ético exige montar uma estratégia. Estratégia é uma forma de realizar, no tempo, mediante planejamento, o que não conseguimos de imediato. Nem

sempre nos é dado sermos éticos de imediato. Às vezes, precisamos construir um itinerário de vida para chegar a uma conduta ética. Isso pode demorar. O que não podemos é desistir desse trajeto, desse projeto.

✦ ✦ ✦

Entre os anos 1980 e o começo da década de 2010, diminuiu a fome no mundo. O Brasil fez parte dessa história de êxito na justiça social. Chegamos a sair do Mapa da Fome, em 2012, embora tenhamos voltado depois a figurar nos dados de (forte) insegurança alimentar.

Um dos principais êxitos nessas décadas esteve no aumento do consumo de carne. Comer um bife, de vaca ou de frango, representava não apenas um aumento de proteínas ingeridas, como também — simbolicamente — uma ascensão em dignidade. Fazer churrasco no domingo se tornou um significante poderoso. Todavia, ao mesmo tempo crescia a consciência de que o impacto ambiental do consumo de carne — para não dizer a crueldade com os animais — é altamente negativo. É bem fácil encontrar a diferença, por exemplo, entre a água necessária para a alimentação com vegetais (pouca) ou com produtos de base animal (muita).

Ou tomemos a irrigação artificial. Nos tempos ainda da União Soviética, para elevar a produção de alimentos, recorreu-se a ela. Um de seus resultados foi o quase desaparecimento do mar de Aral, que já teve 68 mil quilômetros quadrados de superfície, mas, devido ao desvio, para a irrigação, das águas dos rios que o abasteciam, o Amur Dária e o Sir Dária, acabou reduzido a uma pequena fração, altamente salinizada, do que fora um dia. Esse é um dos exemplos mais candentes do conflito entre as necessidades alimentares da espécie humana e o equilíbrio ambiental.

Isso sem esquecer a agressão aos animais, submetidos a tratamentos desumanos para aumentar seu rendimento, desde as galinhas até os bois. E aqui vale a pena comentar os sentidos de "humano" e "desumano". Nas línguas latinas, "humano" tanto pode significar aquilo que se refere à nossa espécie (do inglês *human*) quanto o que qualifica um tratamento respeitoso e, mais do que isso, afetuoso, carinhoso (do inglês *humane*). A palavra tem, assim, uma acepção descritiva e uma prescritiva, neste segundo caso, com cor ética. É interessante que a forma negativa — "desumano" — só nega o segundo sentido, isto é: desumano não significa o que não pertence à nossa espécie, mas o que é cruel. Dessa forma, quando condenamos tratamentos desumanos a animais, estamos dizendo que nós, ao tratá-los assim, abrimos mão de *nossa* humanidade enquanto *valor*. Ou seja, mesmo eles sendo não humanos (no primeiro sentido da palavra), nós devemos ser

humanos (no segundo sentido dela). Em suma, ser humano implica obrigações.
A humanidade é uma construção ética. Ou melhor, há uma humanidade no sentido de espécie humana, composta de homens e mulheres, e há uma humanidade como valor moral e ético, que se investe de numerosas significações. É neste sentido que podemos afirmar que não existe ponto-final para a ética. Porque ela é uma viagem sem parada, provavelmente sem fim. Uma característica de nosso tempo é que não imaginamos mais uma ética fácil, complacente, com uma lista de condutas certas e erradas que bastaria ticar para, no final, cada um de nós ser aprovado num teste como integralmente ético. Nada disso.

✦ ✦ ✦

Este ponto é crucial. Não há ética preguiçosa. Não há ética pronta e acabada. Não há um gabarito do certo e do errado, um decálogo que alguém dotado de autoridade decreta. Não há disque-ética, um telefone ou sítio de internet que respondam a suas dúvidas sobre o que pode ou não pode, ética ou moralmente, fazer. Ética exige inquietação, inquietude.

A contribuição genial de Rousseau à ética está justamente em *deslanchar* algo de que talvez nem ele tivesse completa noção. Já afirmei que não conheço textos dele aplicando a compaixão ao mundo vegetal. Mas ele é um herborista. Conhece bem as plantas. Em seu último livro, os póstumos *Devaneios do caminhante solitário*, já comentei que ele caminha perto de Paris para olhar as plantas e até identificar variedades raras naquela região. Ama a natureza, ama o verde. Lévi-Strauss, numa frase notável, diz que Rousseau vai "procurar a sociedade da natureza para nela meditar sobre a natureza da sociedade".[22]

É um bom jogo de palavras, usando sentidos diferentes dos dois termos que Lévi-Strauss repete, invertendo-lhes as posições. Rousseau busca a companhia do verde (a sociedade da natureza) para pensar sobre a definição da sociedade humana (a natureza da sociedade). A natureza pura serve de escala para medir a degradação da sociedade humana. A estabilidade do natural permite entender, e talvez corrigir, os estragos que a comparação introduziu entre os humanos. Porque o defeito da sociedade é exatamente este: nós nos medimos uns aos outros, comparamo-nos, e, com isso, ninguém enxerga efetivamente o que é, sempre querendo, a um só tempo, atender à expectativa alheia e superar

---

22. "Jean-Jacques Rousseau, fondateur des sciences de l'homme", conferência de Claude Lévi-Strauss na Universidade Operária de Genebra por ocasião dos 250 anos do nascimento de Rousseau. Disponível em: http://www.espace-rousseau.ch/f/textes/levi-strauss1962.pdf. Acesso em: 11 ago. 2021. Também publicada em *Antropologia estrutural dois*.

o outro. Parece contraditório, mas é justamente essa aparente contradição que gera nossa infelicidade.

No fundo, uma qualidade notável de Rousseau é que, nele, ética e busca da felicidade convergem. Em seu tempo, Kant vai emplacar-se como o grande pensador da ética, enquanto Thomas Jefferson se consagrará como o introdutor da busca da felicidade como um dos direitos humanos primordiais.[23] Sem que Rousseau o explicite, fica claro que os tempos primordiais do ser humano eram aqueles em que se combinavam a felicidade e a decência. Ambas se degradam simultaneamente e em decorrência das mesmas razões, entre elas, a comparação, a transformação do homem da natureza em homem do homem, a propriedade privada.

✦ ✦ ✦

É comum ouvirmos pessoas lamentando a decadência da ética. Evocam o avô, os tempos em que a palavra dada era cumprida, em que supostamente não havia (disso eu não tenho certeza) corrupção na função pública. Falam no governante que saiu do palácio pobre. Geralmente, tempos de República

---

23. É dele a inclusão desse tema na Declaração de Independência dos Estados Unidos, de 4 de julho de 1776. Ficaram como direitos outorgados por Deus "a vida, a liberdade e a busca da felicidade". Jefferson fez com que esta última substituísse a propriedade, proposta por John Adams.

Velha, que pouquíssimos dos que estão vivos testemunharam em pessoa: sabem por ouvir dizer. Mas penso que estão enganados.

Mesmo que os poderosos daqueles tempos fossem pessoalmente honestos, o que não sei, eles seguiam preconceitos de classe, de gênero e de cor. Pedro Nava conta, no primeiro volume de suas memórias, *Baú de ossos*, que sua avó, ao receber uma empregada negra, já tempos depois de abolida a escravatura, se irritou ao saber que se chamava Berta. E lhe disse: "Berta não é nome de preta. Escolha Eudóxia, Eufrosina..."

A professora Gilda de Mello e Souza, minha primeira orientadora de tese, me contou de uma senhora que, no começo do século XX, andava por Botafogo, no Rio de Janeiro, e, quando via um negro na calçada, o enxotava com a bengala, dizendo "xô, xô, preto não anda na calçada, vá pela rua".

Isso para não esquecer que, ainda na década de 1970, quando o amante assassinou Ângela Diniz, ele foi absolvido no primeiro julgamento e contou com o apoio e a "compreensão" de muitos homens na extravagante alegação de que teria matado em "legítima defesa da honra". Pela mesma época, em Minas Gerais, ao menos duas mulheres foram mortas pelos maridos, simplesmente por terem pedido o divórcio.

Como dizer que uma sociedade assim era mais ética?

O que aconteceu é que *se ampliou* o leque de exigências éticas. Isso, evidentemente, choca alguns, que foram socializados num tempo em que o duplo padrão era moeda corrente: sexo permitido antes e fora do casamento para homens, mas não para mulheres; gestos carinhosos em público aceitos para casais heterossexuais, mas não para homossexuais; acesso às melhores funções e remunerações para brancos, mas não para negros ou indígenas. Entendo que seja difícil para quem aprendeu os costumes de um modo se acostumar com outro, mas não dá para negar que a coisa justa, ética, é haver um único padrão ético, em vez de valerem direitos para uns e não para outros, em decorrência do dinheiro e poder que se tem ou não.

Talvez uma das melhores características de nosso tempo é que, nele, *a ética se expande.* E isso por meio de uma discussão, de debates até frequentemente ásperos, mas que procuram encontrar o que seria mais correto, mais justo.

Então, quando afirmei que Rousseau permite radicalizar as questões éticas, deveria acrescentar: *não há ética sem sua potencial radicalização.* Somente temos ética quando ela não é dos contentes, dos satisfeitos, daqueles que pensam que fizeram tudo certo. Nada menos ético do que alguém ostentar, como vi uma vez no perfil de uma senhora no Facebook — por sinal, uma mulher cheia de ódio e preconceitos —, a autodefinição de "uma pessoa de bem". Mesmo que ela fosse de fato boníssima, não poderia dizer-se plenamente ética. A ética sempre exige mais. Sempre questiona. Possivelmente, em vez ou além de assentar nossa humanidade na compaixão, pudéssemos dizer a Rousseau: é essencial à ética estar sempre em dúvida, sempre em questão. Ética não é zona de conforto, muito pelo contrário.

É por isso que, longe de ser pessimista e de lamentar a decadência ética, entendo que vivemos um período em que ela cresce, em que cresce como *exigência*.

✦ ✦ ✦

Na passagem talvez mais lembrada de *A insustentável leveza do ser*, Milan Kundera celebra a compaixão. Diz:

> Nas línguas derivadas do latim, a palavra *compaixão* significa que não se pode olhar o sofrimento do próximo com o coração frio; em outras palavras: sentimos simpatia por quem sofre. Uma outra palavra que tem mais ou menos o mesmo significado é piedade (em inglês *pity*, em italiano *pietà*, etc.), que sugere mesmo uma espécie de indulgência em relação ao ser que sofre. Ter piedade de uma mulher significa sentir-se mais favorecido do que ela, é inclinar-se, abaixar-se até ela. É por isso que a palavra compaixão inspira,

em geral, desconfiança; designa um sentimento considerado de segunda ordem que não tem muito a ver com amor. Amar alguém por compaixão não é amar de verdade. Nas línguas que formam a palavra *compaixão* não com o radical *passio*, sofrimento, mas com o substantivo *sentimento*, a palavra é empregada mais ou menos no mesmo sentido, mas dificilmente se pode dizer que ela designa um sentimento mau ou medíocre. A força secreta de sua etimologia banha a palavra com uma outra luz e lhe dá um sentido mais amplo: ter compaixão (*co-sentimento*) é poder viver com alguém qualquer outra emoção: alegria, angústia, felicidade, dor. Essa compaixão (no sentido de *soucit, wspolczucie, Mitgefänsla*) designa, portanto, a mais alta capacidade de imaginação afetiva — a arte da telepatia das emoções. Na hierarquia dos sentimentos, é o sentimento supremo. (Primeira Parte: "A leveza e o peso", capítulo 9)

Kundera não precisa mencionar Rousseau para mostrar que concorda com ele; mas, vejam, não é apenas um sentimento *novo* — é aquele que sustenta, que articula a *todos*. Se arriscarmos a poesia, diremos: é a chave do coração. Não há sentimento, não há amor ou amizade sem compaixão. Não há humanidade sem ela. Como já vimos, *humanidade* pode significar duas coisas; num sentido, é uma palavra descritiva, que denota o conjunto dos humanos;

mas, no outro — por exemplo, em "tratar alguém com humanidade" —, deixa de ser descrição para se tornar elogio e até prescrição. Não é humano quem não trata o outro de modo humano. E isso inclui tratar os animais com humanidade. Eles não são humanos, no sentido descritivo, mas devem ser bem tratados, "ter uma vida boa", se *nós* formos humanos, se tivermos sentimentos.

✦ ✦ ✦

A consequência mais evidente dos avanços da compaixão está no cuidado que queremos proporcionar aos que sofrem. Essa é a reação humana, humanitária, de cada vez mais pessoas. (Mas, mesmo quem não sente isso, tende a se ver obrigado a fazê-lo.) Em outros tempos, o máximo que se faria pelos sofrentes seria rezar uma missa, rogar que encontrassem a paz no regaço do Senhor. Mas é provável que ninguém se esforçasse demais por salvá-los, frente à consciência de que seria impossível, portanto, inútil.

Hoje, tornou-se um dever ético incontestável cuidar de quem sofre, mesmo quando a pessoa não tem mais oportunidade de salvar-se. Abandoná-la a um destino cruel é ser tão cruel quanto esse destino. Ora, o que é essa mudança nas relações humanas senão uma generalização da *pitié*?

Aqui devemos distinguir duas coisas. Uma são os avanços da medicina, que permitem tratar e mesmo curar — por vezes com remédios simples e baratos — problemas de saúde que, antigamente, levariam à morte. Não é deles que estou falando agora. O que me interessa é outro ponto: hoje, mesmo pessoas que não serão curadas, ou que o serão apenas em parte, nós procuramos que se mantenham vivas e que sofram o mínimo possível. Isso acarreta despesas, umas menores, outras maiores. Mas tornou-se um valor ético preservar a vida, mesmo dos sofrentes, ainda que a alto custo. Essa é uma novidade.

É dessa forma que se rompe com a natureza. No mundo animal, aqueles que não se mostram aptos a sobreviver perecem. Não se trata de crueldade: simplesmente, um passarinho que quebrou a perna não tem mais como viver. Ou um gato que não é mais autônomo para se alimentar. Não é que alguém os mate; é que não há médico, não há pessoal ou equipamentos de saúde na natureza. É o ser humano que intervém e leva o gato machucado ou doente ao veterinário.

Esse é o *cuidado*. Cresceu como tema, desde que Carol Gilligan proclamou uma *ethics of care*, uma ética do cuidado. Vale a pena desenvolver. Lawrence Kohlberg propôs um teste para medir os níveis éticos, desde o mais heterônomo ou convencional até o mais autônomo ou original. Perguntava-se a várias pessoas sobre a situação de uma mãe gravemente doente, que apenas seria salva se conseguisse um remédio caríssimo, que sua família não tinha meios de pagar. Seria ético consegui-lo desrespeitando o direito de propriedade? Furtando-o, roubando-o?

O pesquisador constatou que, enquanto os meninos decidiam romper a lei para salvar a mãe, as meninas insistiam em negociar, afirmando que convenceriam o farmacêutico — ainda que lhes fosse dito que ele não cederia jamais. Kohlberg interpretou esse fato como uma deficiência delas: não teriam entendido direito a pergunta, não teriam compreendido bem a situação. Já Carol Gilligan contestou essa leitura das reações femininas. Ela sustentou que, enquanto os homens seguiam uma ética masculina da justiça, as mulheres se pautavam por uma ética feminina do cuidado. Evidentemente, essa leitura poderia levar a caminhos os mais diversos, inclusive ao de uma visão tradicional da mulher como mãe, esposa, cuidadora, enfim; mas a tese de Gilligan foi dar noutro rumo, o de uma ética feminista.[24]

---

24. Para uma síntese do debate, ver S. A. Reiter, "The Kohlberg-Gilligan Controversy: Lessons for Accounting Ethics Education" (*Critical Perspectives on Accounting*, v. 7, p. 33-54, 1996. Disponível em: https://uwethicsofcare.gws.wisc.edu/wp-content/uploads/2020/03/Reiter-S.-A.-1996.pdf. Acesso em: 11 ago. 2021). Para a tese de que o trabalho de Gilligan pode ser entendido como feminista, ver T. A. Kuhnen, "A ética do cuidado como teoria feminista" (Anais do III Simpósio Gênero e Políticas Públicas, Universidade Estadual de Londrina, 27-29 maio 2014. Disponível em:

O que podemos inferir das ideias de Gilligan é que o cuidado nos leva a uma dimensão especificamente humana, da cultura superando a natureza, daquilo que chamamos de *civilização*.

Talvez o humano, no sentido prescritivo de que falei, como valor e não como descrição, tenha crescido nos últimos anos graças a uma ênfase em práticas e sentimentos que eram tidos por femininos. Talvez a *civilização*, ao contrário do que se pensou por tanto tempo, seja mais *feminina* do que masculina.

Aliás, um de meus primeiros livros tratou da etiqueta, isto é, dos bons modos.[25] Um dado curioso é que a brutalidade dos guerreiros medievais era suavizada pela presença das mulheres. Fosse nos combates simulados, que chamamos de liças, em que, numa espécie de estádio, cavaleiros disputavam um prêmio, que muitas vezes era o sorriso de uma dama: todo um ritual se construía para que eles abrissem mão da grosseria. Fosse no amor cortês, complexa elaboração em que menestréis, poetas, cantores procuravam agradar a uma mulher que nem sempre era real. Fosse, ainda, à mesa, ensinando os homens a não cuspir sobre a tábua, a não

---

http://www.uel.br/eventos/gpp/pages/arquivos/GT10_T%C3%A2nia%20Aparecida%20Kuhnen.pdf. Acesso em: 11 ago. 2021).

25. Ver meu *A etiqueta no Antigo Regime*.

tomar a sopa direto da sopeira (mas de um prato), a não escarrar... Pode ser que a civilização seja uma construção que tem seu quê de masculino, mas que só se desenvolveu à medida que o olhar que a julgava era feminino.

Passagem

A ideia de Rousseau de que tratei é absolutamente central em seu pensamento. Se tudo o mais dele desaparecesse e restasse apenas a *piedade*, teríamos ainda o essencial de Rousseau.

Já a frase de Marx, que vamos agora debater, não é fundamental em sua teoria. Ele, por sinal, não a retoma em outras obras. Em Rousseau, tudo gravita em torno da compaixão. Em Marx, a ideia de que a humanidade se propõe apenas as tarefas que é capaz de resolver pode ser discutida, independentemente de sua teoria política. Aliás, autores que nada tenham de marxistas poderiam concordar com ela. Mas é uma ideia importante. Vamos a ela.

As tarefas que podemos resolver

Vimos até agora as mudanças nos *valores*, na *ética* e até mesmo na *sensibilidade*, nos modos de *sentir a vida e o mundo*, que tornaram, mais do que possível, imperativo *ético* o combate à pandemia, tal como tem sido conduzido em quase todo o mundo — infelizmente, não no Brasil. Agora, chega a vez de passarmos às modificações na *ciência*, na *tecnologia*, na *prática*, que viabilizaram esse mesmo enfrentamento. Assim, começamos vendo como mudou o *sujeito*, isto é, como *nós mesmos* mudamos, assim como mudaram os *fins morais* que nossa espécie considera importante levar em conta. Nesta parte, veremos como se modificaram *os meios*, as *ferramentas* e os *instrumentos*. Falamos antes de valores, agora trataremos de práticas. Passamos pelos ideais; chegou a hora de ver como torná-los realidade.

Tomemos dois exemplos. Primeiro, o da escravidão. Será por acaso que, depois de milhares de anos, o trabalho forçado foi abolido somente quando surgiram as máquinas? Será mera coincidência que só tenha acabado o cativeiro quando, finalmente, passou a ser *desnecessário* obrigar, à força bruta, seres humanos a cumprirem tarefas odiosas, infamantes? Tivemos grandes figuras morais que lutaram contra o horror da escravatura antes mesmo que as máquinas a tornassem dispensável. Essas pessoas certamente viviam a compaixão. Mas somente quando houve meios práticos de realizar os trabalhos mais rudes é que acabou o cativeiro.

Segundo, o crescimento das propostas vegetarianas e até veganas em nosso tempo. Poderiam elas ter emplacado antes? Alguns estudiosos sustentam que foi preciso consumirmos muita proteína animal para desenvolver nosso cérebro até sua atual capacidade. (Isso não é óbvio; a cultura hinduísta cresceu enormemente, mesmo sendo vegetariana — recomendo o belíssimo livro de Amartya Sen sobre a filosofia de seu povo.[26]) Mas suponhamos, só para argumentar, que a ingestão de carne tenha tido um papel no desenvolvimento humano. Falávamos antes na redução do consumo de carne como valor *ético*. Agora, está em questão sua possibilidade *prática*. Hoje, nossa espécie ainda *precisaria* consumir tanta

---

26. A. Sen, *The Argumentative Indian: Writings on Indian History, Culture and Identity*, Nova York, Farrar, Straus and Giroux, 2005.

carne quanto no passado? Parece que não. Será que poderíamos, um dia, estender nossa compaixão até o mundo vegetal, como a lapsariana de *Notting Hill*?

✦ ✦ ✦

Assim abrimos a discussão sobre a frase de Marx: "A humanidade somente se propõe as tarefas que pode resolver". Ele explica que cada tarefa surge apenas quando há as *condições materiais* para ela. Tudo tem seu *tempo* preciso; primeiro resolveremos um problema, depois outro, e assim sucessivamente. Teremos chegado ao tempo *propício* à compaixão? Quando Cristo pregou, faltavam os meios de executar os valores que defendia? Somente em nosso tempo teremos (finalmente) adquirido os meios para tirar as devidas consequências da compaixão? Teremos agora os meios para pôr fim à escravidão, à pena de morte, a tratamentos cruéis e não usuais, e também para sentir o sofrimento dos bichos? Resumindo: só hoje teremos chegado ao tempo em que é viável sentir pena do outro e agir em consequência?

Sem a internet, teria sido possível — para salvar vidas, como de fato se conseguiu — fechar tantas atividades desde o começo de 2020, substituir parte tão grande da economia pelo teletrabalho? Imaginemos que esta pandemia tivesse ocorrido vinte anos atrás. Nada disso teria sido viável. Teríamos uma recessão brutal, fazendo a economia cair mais do que caiu desta vez — e a mortalidade seria bem mais elevada. Morreria muito mais gente, a produção despencaria. Será — no limite — que essa pandemia somente chegou a um patamar tão elevado porque a humanidade já dispunha de meios *materiais* para *limitar* seu alcance? Foi, assim, uma invenção tecnológica, a internet, a principal responsável por assegurar, com as relações de trabalho e de lazer a distância, a continuidade do vínculo social e da produção econômica, mesmo numa época de confinamento. Será que Marx teve razão?

✦ ✦ ✦

A passagem de Marx está no prefácio de 1857 à *Crítica da economia política*.[27] O autor resumiu sua tese de que as relações de produção (termo mais preciso e, ao mesmo tempo, mais abrangente do que meramente a economia) são o que determina uma superestrutura, que, por sua vez, é composta das formas legais, políticas, religiosas, artísticas ou filosóficas — em suma, ideológicas — pelas quais os homens tomam consciência dos conflitos nas

---

27. Há várias formas de referir este texto. Pode ser chamado de *Manuscrito de 1857*, de *Contribuição à crítica da economia política* e ainda de outros modos. Aqui, refiro-me a ele da forma como é mencionado na edição que talvez seja a mais divulgada no Brasil, a da coleção Os Pensadores, da editora Abril.

relações de produção e deles participam. Só para esclarecer: não é que "a economia" determine a vida social; o que acontece é que relações de produção incluem economia e sociedade na produção, não apenas de bens, mas da própria vida coletiva. Depois disso, Marx afirma:

> Uma formação social nunca perece antes que estejam desenvolvidas todas as forças produtivas para as quais ela é suficientemente desenvolvida, e novas relações de produção mais adiantadas jamais tomarão o lugar antes que suas condições materiais de existência tenham sido geradas no seio mesmo da velha sociedade. *É por isso que a humanidade só se propõe as tarefas que pode resolver*, pois, se se considera mais atentamente, se chegará à conclusão de que a própria tarefa só aparece onde as condições materiais de sua solução já existem, ou, pelo menos, são captadas no processo de seu devir (grifos meus).[28]

Somente quando já há meios de resolver um problema é que ele se põe como tarefa. É uma tese audaz, talvez atrevida. Mas é ambígua. Pode ser entendida de duas maneiras. Uma delas é otimista:

---

28. K. Marx, "Prefácio à *Contribuição à crítica da economia política*", in: *Manuscritos econômico-filosóficos e outros textos escolhidos*, São Paulo, Abril Cultural, 1974, p. 136, coleção Os Pensadores, v. XXXV.

algo apenas surge como tarefa quando pode, já, ser resolvido. Neste caso, a atual tragédia da covid-19 não teria acontecido antes de termos meios de enfrentá-la. Porém, essa afirmação seria errada. Houve pandemias piores. Comentei, no início desta obra, a gripe dita espanhola: ela matou, proporcionalmente, muito mais do que a covid-19, e isso num tempo em que as comunicações eram mais limitadas do que hoje. Ou, pior ainda, a peste negra, que, em meados do século XIV, pode ter exterminado entre um terço e metade da população mundial, pelo menos nos países atingidos, isto é, boa parte da Eurásia.

Não podemos, pois, ler a frase de Marx superficialmente, como se ele dissesse que a situação objetiva (no caso, a pandemia) se limita a ocorrer quando a humanidade tem meios de enfrentá-la. Digamos que o problema, a situação objetiva existia, mas não havia possibilidade de resolvê-la. A chave está na palavra *tarefa*, que é a tradução, por sinal correta, do alemão *Aufgabe*. Diz Marx que a humanidade somente se propõe as tarefas que pode resolver *porque*, se olharmos as coisas com a devida atenção, veremos que isso depende de já haver, ou de estarem surgindo, as condições materiais para sua solução. A palavra-chave é, portanto, tarefa. Não se trata do vago "problema", mas já da definição de uma missão, de algo a fazer. Não estamos perante um mero dado, uma realidade objetiva, mas diante da capacidade do sujeito humano — coletivamente

— de superar a tragédia existente. Deixamos de ser vítimas, tornamo-nos sujeitos.

Ficamos assim entre uma afirmação atrevida — o problema só surge quando já temos solução para ele — e uma banal — uma situação horrorosa apenas se torna tarefa quando há (ou estão iminentes) condições materiais para resolvê-la. No primeiro caso, o otimismo é injustificado. No segundo, a asserção é óbvia, diríamos em bom português: acaciana.

Mas podemos tirar, para os tempos presentes, uma lição dessa frase de Marx, a qual, tanto quanto sei, ele não retoma em outras obras, pelo menos não em termos próximos. É que a desgraça que foi a peste negra, hoje, se converteu em tarefa. (O caso da gripe espanhola pode ser visto como intermediário.) Não é que as pessoas não tenham lutado contra a peste negra, longe disso. Lutaram, mas com as armas do tempo.

✦ ✦ ✦

No passado, houve duas ideias de como lidar com as pestes. Uma era repelir os miasmas. Entendia-se que a peste se difundia por um ar, digamos, podre. Daí que se acendessem fogueiras, se usassem cheiros, em suma, o que pudesse melhorar a qualidade do ar ou expulsar o ar considerado pestilento. Por sinal, mesmo que por más razões, isso implicava o uso de máscaras que, como hoje sabemos, ajudavam.

Mas só a descoberta dos pequenos seres invisíveis a olho nu, graças à invenção do microscópio, permitiu entender o que gera as pestes: bactérias, no caso da peste negra, ou vírus, como na covid-19. O outro instrumento mental consistia em atribuir as pestes à ação divina. Essa podia ser compreendida de duas formas distintas, opostas, mas complementares. A primeira: Deus nos castigava por nossos pecados. A segunda: ele nos punha à prova. A primeira tese foi muito popular. Levava ao arrependimento, a doações, a procissões, ao reforço do poder do clero e da crença em Deus. Mas suscitava um problema: e se a região em que vivemos, assolada pela peste, tivesse uma conduta moral e uma devoção religiosa nitidamente superiores a outra, que, no entanto, fosse poupada da peste? Deus erraria de alvo, de foco?

Daí se passava ao segundo argumento, fundamentado nesta grande obra bíblica que é o Livro de Jó. Jó não sofreu por ser mau, mas devido a um grande experimento na querela entre Deus e o diabo. Este último afirmava que a intensa fé religiosa de Jó se devia apenas a sua enorme prosperidade e felicidade. Jó seria interesseiro. Numa passagem única nas Escrituras, Deus permite então ao diabo que o faça sofrer. Autoriza-o a *experimentar* a fé de Jó. Este ainda acreditaria em Deus caso perdesse tudo o que tinha? Daí as perdas incontáveis que lhe são infligidas nesse *teste* sobre a veracidade de sua fé. E, ainda assim, ele continua abençoando o nome do Senhor.

O caso de Jó revela uma inteligência ímpar por parte dos pensadores religiosos. Evidentemente, se o sofrimento neste mundo tiver por causa o pecado, como explicar que os bons sofram e os maus prosperem? Não basta dizer que, depois da morte, a justiça prevalecerá. Inventando a tese do teste, consegue-se superar a suspeita de que o sofrimento aqui na Terra demonstre ou que Deus é impotente, ou que é inútil fazermos o bem. Insisto: o caso Jó não é o de uma justiça no Além, é o do sentido do sofrimento do justo, aqui e agora.

Essas questões são típicas do monoteísmo. Só pode haver Deus onipotente, onisciente e bom ou justo se for uno. Nos politeísmos e assimilados, o poder de um se contrapõe ao de outro; cada qual tem seus devotos, protegendo-os; guerra de deuses, como no cerco homérico a Troia, ou o que nos cultos africanos se chama guerra de orixás, faz parte das coisas. Daí "fazer o bem" pode até ser valorizado nos politeísmos, mas não adquire sentido tão *central* quanto no monoteísmo. A questão típica de Jó — como explicar o sofrimento do homem pio, justo, bom — não seria fundamental numa crença politeísta. Seria, simplesmente, atribuída a uma guerra entre os deuses. O politeísmo está mais próximo de nossa experiência cotidiana; não postula um mundo perfeito. Mas um monoteísmo tem de ambicionar a perfeição.

No monoteísmo tal como o conhecemos, essencialmente cristão e muçulmano[29], fazer o bem assume um sentido unívoco, pelo menos dentro de cada religião ou, talvez, de cada tendência religiosa. Fazer o bem terá um componente propriamente religioso e um ético, mas, para os fiéis, um não se diferencia do outro. Acudir os pobres, que é um dos cinco pilares do Islã, no entendimento moderno teria um sentido especificamente ético, tanto assim que pode ser praticado por quem não partilha a fé muçulmana. Já peregrinar à Meca, que é outro dos pilares islâmicos, tanto quanto se abster de carne de porco, é específico a essa religião. Mas, para o fiel, ambos os procedimentos fazem parte do mesmo *continuum*, que é fazer o bem.

Mas aí não há guerra de santos. O devoto de Nossa Senhora da Conceição não se bate com o fiel

---

29. A religião judaica é um caso diferente. Também é uma das religiões do Livro, isto é, da revelação divina. Mas seu Deus é exclusivo, isto é, apenas dos judeus, do "povo eleito" ou escolhido. Daí que fique em aberto qual deus ou deuses terão os outros povos. Baal é um falso deus, ou um deus inferior a Javé? Note-se que, para cristãos e muçulmanos, somente seu Deus é verdadeiro, mas é universal: todos os demais povos podem, ou mesmo devem, reconhecê-lo. Para os judeus, como não há sentido que os outros povos reconheçam Javé, não fica claro — e variará conforme o tempo — se o seu Deus é único ou apenas superior aos dos outros povos, e portanto se outros deuses são fracos ou falsos.

de Sant'Ana. Suas devoções são meios para chegar ao mesmo fim, fixado pela religião cristã — melhor dizendo, católica ou ortodoxa, pois a maior parte das denominações protestantes não dá essa importância aos assim chamados "santos".[30] Orixás podem ser invocados por rivais ou inimigos. Santos da Igreja Católica, não, não corretamente. Daí que os monoteísmos tenham um *télos*. Tudo se encaminhará para um final apoteótico. Nos politeísmos, é possível que a história seja mais aberta. Não precisa haver um fim da história.

Em suma, perguntar por que Jó sofreu é típico do monoteísmo e de seu Deus onipotente, onisciente e justo ou bom.

✦ ✦ ✦

As consequências práticas das duas hipóteses — a do castigo por nossos pecados ou a da testagem de nossa fé — não são tão diferentes. Se pecamos, devemos nos arrepender e rezar. Agora, se Deus está pondo à prova nossa fé, rezar continua sendo de bom alvitre. Rezar, ir à igreja, fazer romarias, o que for: as respostas humanas aos desígnios insondáveis de Deus são parecidas, num caso e no outro. Mas, se sofremos porque pecamos, há uma

---

30. Ver como tantos protestantes preferem dizer "Apóstolo Paulo" a São Paulo.

relação de causa e efeito linear. Erramos, portanto somos punidos. Nesse caso, o arrependimento é a chave de nossa resposta.

Já a hipótese Jó é mais sofisticada. Se padecermos porque Deus (e o diabo) quer nos testar, então os intentos do Criador escapam à nossa compreensão. Não há mais causalidade linear. Há um Deus escondido, absconso, não por acaso, talvez, aquele que jansenistas e calvinistas conceberão. A questão não parece estar mais em se arrepender (de quê?), mas em louvar o Altíssimo, que é o que faz Jó.

Num caso, temos uma relação lógica com o divino. Erramos, devemos nos corrigir. No outro, a relação não é mais propriamente lógica. O que está em cena não é a justiça divina; é o poder ilimitado de Deus. A justiça divina, na verdade, não parecia tão distante da humana. Para nós e para Ele, o erro é identificável e clama por correção. Mas, quando está em jogo o poder de Deus, arrepender-se e emendar-se perde o sentido. O que podemos e devemos é acatar um poder cuja própria natureza desconhecemos. Desconhecer, essa é a palavra. Deus está tão acima de nós que não sabemos nem o que fazer, exceto, claro, nos curvar perante Ele. É por isso que Jó nunca protesta contra a Sua injustiça.

✦ ✦ ✦

Evidentemente, os avanços da medicina mudaram por completo a leitura das causas de uma pandemia. Como vimos, esse progresso decorreu, em boa medida, de uma invenção — a do microscópio —, ou seja, da criação de algo artificial pela inteligência humana, e de uma descoberta — a de seres invisíveis a olho nu, entre eles bactérias e vírus, viabilizada por aquele invento. A rigor, a inteligência humana esteve nos dois pontos, primeiro inventando, depois descobrindo. Ciência é isso, um mix de criação humana e de descoberta da realidade — no caso, a natureza. Inventamos instrumentos, que são novos seres, mas que servem para conhecermos os seres que já existem na natureza.

Continuamos usando máscaras, mas sabemos que a covid-19 é decorrência de um vírus, não de ares pestilentos. Há pessoas que rezam, pedindo proteção ou cura, nas mais diversas religiões, mas a ideia de que a peste foi mandada por Deus praticamente sumiu, exceto dos meios não apenas ignorantes, mas que se orgulham de sua ignorância.[31] (Aqui, uma observação. Ao contrário do que alguns imaginam, há mais vaidade entre ignorantes do

---

31. Nos meios negacionistas brasileiros, essa superstição subsiste. Por exemplo, há quem diga que a pandemia seria um castigo de Deus porque, num carnaval, teria desfilado um Jesus gay. Obviamente, não se entende por que Deus faria sofrer pessoas que nada têm a ver com esse evento, em vez de fulminar precisamente os responsáveis pelo suposto desrespeito.

que entre sábios. O conhecimento rigoroso exige uma certa modéstia, condição para que perguntas sejam feitas onde muitos se contentariam com explicações simplórias. Há mais arrogância entre os que invocam, dogmaticamente, explicações toscas como suficientes para dar conta daquilo que não entendem.)

✦ ✦ ✦

Mas podemos dizer que o medieval não assumia, *como tarefa*, enfrentar a peste? Não. Com os meios disponíveis, ele fazia o possível. Na verdade, nós olhamos com certo desdém suas práticas porque aprendemos com as luzes do conhecimento. As ideias de como enfrentar as pestes — que mencionei acima — nos parecem um misto de ignorância e superstição. Ora, Marx é, como já observei em meu livro *A última razão dos reis*, um iluminista. Não por acaso, desenvolveu a tese mais ambiciosa que existe da política como ciência: não no sentido de que se faça um estudo científico *sobre* a política, mas no de fazer uma política que *seja* científica. Sua ideia de *tarefa*, portanto, inclui, entre as "condições materiais", as conquistas do conhecimento. Enfrentar a pandemia é assunto de ciência e tecnologia.

É verdade que a ideia marxista de razão não é a mesma dos iluministas do século XVIII — os quais talvez devam ser chamados de filósofos *ilustrados*

— porque Marx passou por Hegel e pela dialética. Mas, materialista como vários dos *Philosophes*, ele defende o potencial da razão para erradicar a superstição, que, por sinal, ele assimila a ópio.[32] Não é só Marx: os tempos mudaram. Ao identificarmos as causas das pestes, vemos que surgiram novos meios, mais certeiros, para enfrentá-las. A segunda família de instrumentos, a dos religiosos, se tornou secundária. Passou para o foro privado ou íntimo. É claro que em países com maior pertencimento religioso, como o Brasil, haverá alguma tendência a agradecer mais a Deus do que ao corpo médico a saúde recuperada. Mas poucos são os que, mesmo tendo fé, abrem mão dos tratamentos médicos.[33]

---

32. Nesta frase, condenso várias ideias. A primeira é que o materialismo do século XVIII geralmente entende por matéria os corpos; por isso, efetua uma crítica severa dos espiritualismos e, a partir deles, das superstições. Já o materialismo histórico, de Marx, considera que *matéria* — ou realidade — são as relações de produção. Não se pode entender a vida social — que, para Marx, é o foco principal de estudo — sem se compreender como se efetua a produção, não apenas de mercadorias, mas da vida humana. O termo *ópio do povo*, que Marx utiliza para qualificar a religião, retoma a crítica iluminista a ela. A religião droga as pessoas, fazendo com que enxerguem errado as relações sociais.

33. Até aqueles que seguem procedimentos sem base científica, como o "tratamento precoce" divulgado pelos inimigos da ciência e da vida, alegam que eles teriam alguma base. Ninguém tomou cloroquina alegando apenas que foi ordem ou revelação de Deus.

Aliás, quando surge uma nova epidemia ou pandemia, a pergunta é qual será o seu vírus causador; não se discute mais se é ou não um vírus ou bactéria, se são ares pestilentos, se é intervenção de Deus. Nossa discussão está na sintonia fina, a qual cabe à ciência. Sabemos que é um vírus; a pergunta é qual. Não há dúvida de que a pesquisa científica não é um território pacífico, em que todos concordariam; polêmicas fazem parte decisiva dela, mas são modos de nos aproximarmos do que é certo. O criacionismo, por exemplo, pode despertar polêmicas, mas, não sendo ele científico, a discussão entre ele e a doutrina da evolução não é, ela mesma, uma discussão científica — porque só é científica a teoria que devemos, em sua forma inicial, a Darwin.

✦ ✦ ✦

Um historiador um pouco cético das mentalidades poderia dizer que cada época tem a sua; que, assim como hoje damos crédito à ciência, os medievais, ou mesmo os que antecederam Pasteur e a descoberta dos seres invisíveis a olho nu, tinham outra visão de mundo, tão legítima quanto a nossa. Mas não é essa a visão iluminista. Nosso mundo foi moldado pela ciência. É dentro dele que atuamos. Uma deficiência deste mundo é que a concepção de mundo científica é menos difundida do que os benefícios por ela gerados. Praticamente toda a humanidade se beneficia dos ganhos proporcionados pela ciência, mas parte razoável ou mesmo substancial dela não sabe disso, ou ignora como ou por quê. Esse é um ponto que requer educação e divulgação científicas.

Aqui, não é questão de relativismo. A peste negra pode ter matado entre um terço e metade da população humana lá onde ela grassou, em enormes extensões da Eurásia, por volta de 1350. Já a gripe espanhola, há cem anos, arrebatou as vidas de 3% a 5% da população mundial — um montante elevado, mas bem menor, e isso graças aos cuidados médicos e de enfermagem prodigados às populações. (Entre os cuidados então sugeridos, havia alguns ainda utilizados, como o porte de máscaras e o distanciamento físico.) Agora, na primeira pandemia a atingir praticamente toda a humanidade, em mais de um ano os mortos no mundo inteiro são cerca de meio milésimo da população. Comparando as taxas, diríamos que a peste negra exterminou, proporcionalmente, entre seiscentos e mil vezes mais que a covid-19, enquanto a gripe de 1918 eliminou de sessenta a cem vezes mais do que a presente pandemia. Além disso, enquanto vacinas nem sequer eram imaginadas em 1350 e não existiram para a pandemia do século passado, este ano já temos algumas dezenas, com eficácia já comprovada, pelo menos no que tange a uma redução bastante significativa de contágios e mortes.

Tudo isso é fruto da ciência. Podemos dizer que, mais do que nunca no passado, neste tempo *a ciência faz a grande diferença entre viver e morrer*. E, cada vez mais, entre viver mal e viver melhor.

✦ ✦ ✦

Sim, a ciência, e isso graças às vacinas e, antes delas, aos cuidados médicos e de enfermagem. Por sinal, na falta de remédios que sejam decisivos para enfrentar a covid-19, o trabalho de enfermagem se torna vital. Estamos acostumados a considerar as enfermeiras (grafo no feminino porque a maior parte dessa profissão se compõe de mulheres) como simples auxiliares dos médicos. Mas há ocasiões em que o protagonismo é delas. Talvez quando o cuidado prevalece sobre a medicação. Já tratamos da polêmica entre Carol Gilligan e Lawrence Kohlberg, a respeito da ética que ela denomina *do cuidado*.

Mas também devemos muito a um desdobramento da ciência, que é a tecnologia. Destaco aqui a internet, com a possibilidade de ações a distância. Se atualmente contássemos apenas com o presencial, o colapso em termos de vidas, e também da economia, seria enorme.

Como tem sido esta fase, já se estendendo para mais de ano, que vivemos em perigo? Provavelmente, a maior parte das pessoas não ficou em casa. Quem trabalha nos campos, produzindo comida, lá permaneceu — embora sua atividade imponha, frequentemente, um distanciamento físico e, quando não, o porte de máscaras. Boa parte do comércio continua sendo presencial, ainda que com cuidados que limitam severamente a difusão do vírus. Mas uma proporção inédita de pessoas pôde exercer suas atividades a distância. O setor de escritórios, as administrações, outra parte do comércio e muito da atividade de ensino passaram para o ambiente online. Mesmo o telelazer se desenvolveu. Tudo isso seria impossível vinte anos atrás. Sem a internet e a banda larga, as mortes e a queda da economia teriam sido bem maiores.

Será, então, que a humanidade apenas se propõe tarefas que pode resolver? A chave está na palavra *tarefa*. Quando pensei nesta parte do livro, minha memória me pregou a peça de lembrar a frase de Marx como aludindo a *problemas*. Mas problemas sempre houve, e há, inclusive insolúveis. O que tivemos, graças, sobretudo, ao desenvolvimento *tecnológico*, mais até do que econômico (e lembrando que a tecnologia é *filha* da ciência), foi a conversão de uma impossibilidade objetiva em possibilidade a nosso alcance. O sujeito, que é nossa espécie, se capacitou para enfrentar problemas antes insuperáveis. Por isso, problemas viraram tarefas. O impossível passou a ser viável.

Todo problema pode tornar-se tarefa? Isto é: toda vez que tivermos uma situação objetivamente grave, será possível ela ser enfrentada de modo que consigamos resolvê-la? A humanidade terá chegado a um ponto em que encontre soluções para as piores tragédias? É quase certo que não. Mas, se a covid-19 está matando menos do que a peste negra, ou mesmo do que a gripe espanhola, isso se deve a dois fatores. O primeiro é que nos humanizamos (ou, talvez, nos feminizamos), avançamos na compaixão, não mostramos mais tanta indiferença, ou mesmo prazer, perante o sofrimento dos outros. Crescemos eticamente. (O que não nos permite ignorar que ainda haja quem se deleite na dor alheia: mas isso se torna tão visível que nos põe uma *tarefa* — uso essa palavra de propósito —, que consiste em vencer esse ódio, essa desumanidade.) O segundo é que a ciência nos capacitou para enfrentar doenças terríveis, enquanto a tecnologia nos forneceu meios de sobreviver, numa escala nunca antes vista, a certos horrores. O tempo presente marca uma vitória, pelo menos relativa, da sabedoria, do saber e da ética, assim como da ciência e da tecnologia.

Mais

Em alguns livros e artigos anteriores, tratei de algumas questões que aqui aparecem. São:

1. "O Brasil voltou cinquenta anos em três". In: GEISELBERGER, Heinrich (org.). *A grande regressão*: um debate internacional sobre os novos populismos e como enfrentá-los. São Paulo: Estação Liberdade, 2019. p. 315-344.

2. "A democracia vai crescer ou diminuir?". In: VASCONCELOS, Alvaro (org.). *Brasil nas ondas do mundo*. Coimbra: Imprensa da Universidade de Coimbra, 2017. p. 53-70.

3. *A boa política*. São Paulo: Companhia das Letras, 2017.

4. *A democracia*. São Paulo: Publifolha, 2001.

5. "Introdução: Democracia versus República". In: BIGNOTTO, Newton (org.). *Pensar a República*. Belo Horizonte: Editora UFMG, 2000. p. 13-25. Também publicado em inglês na revista da Unesco: "Democracy versus Republic: Inclusion and Desire in Social Struggles", *Diogenes*, v. 55, n. 4, p. 45-53, 2008 (bem como em mandarim e francês, nas edições respectivas do mesmo periódico).

6. "Volonté générale et vérité du cœur chez Rousseau". In: THIÉRY, Robert (org.). *Jean-Jacques Rousseau, politique et nation*: Actes du IIe Colloque international de Montmorency. Paris: Honoré Champion, 2001. p. 305-313.

7. *A etiqueta no Antigo Regime*. 4. ed. São Paulo: Moderna, 1999.

Referências bibliográficas

Carosella, Paola. *Todas as sextas*. São Paulo: Melhoramentos, 2016.

Castro, Daniel. "Xuxa sugere que prisioneiros sejam cobaias em testes: 'Serviriam para algo'". *UOL*, Notícias da TV, 26 mar. 2021. Disponível em: https://noticiasdatv.uol.com.br/noticia/celebridades/xuxa-sugere-que-prisioneiros-sejam-cobaias-em-testes-serviriam-para-algo-54163. Acesso em: 11 ago. 2021.

Highsmith, Patricia. *The Animal Lover's Book of Beastly Murder*. Penguin Books: 1975.

Kuhnen, Tânia Aparecida. "A ética do cuidado como teoria feminista". Anais do III Simpósio Gênero e Políticas Públicas, Universidade Estadual de Londrina, 27-29 maio 2014. Disponível em: http://www.uel.br/eventos/

gpp/pages/arquivos/GT10_T%C3%A2nia%20 Aparecida%20Kuhnen.pdf. Acesso em: 11 ago. 2021.

Lévi-strauss, Claude. "Jean-Jacques Rousseau, fondateur des sciences de l'homme". Conferência na Universidade Operária de Genebra por ocasião dos 250 anos do nascimento de Rousseau. Disponível em: http://www.espace-rousseau.ch/f/textes/levi-strauss1962.pdf. Acesso em: 11 ago. 2021.

Marx, Karl. "Prefácio à *Contribuição à crítica da economia política*". In: *Manuscritos econômico-filosóficos e outros textos escolhidos*. São Paulo: Abril Cultural, 1974. p. 136. Coleção Os Pensadores, v. XXXV.

Mello e souza, Gilda. "O mito de Borralheira". *Discurso*, v. 7, n. 7, p. 5-21, 1976. Disponível em: https://revistas.usp.br/discurso/article/view/37798/40525. Acesso em: 11 ago. 2021.

Mello e souza, Gilda. *O espírito das roupas*. São Paulo: Companhia das Letras, 1987.

"Nascimento e civilização". *Folha da Manhã*, 27 jul. 1952. Disponível em: http://almanaque.folha.

uol.com.br/cotidiano_27jul1952.htm. Acesso em: 11 ago. 2021.

REITTER, Sara Ann. "The Kohlberg-Gilligan Controversy: Lessons for Accounting Ethics Education". *Critical Perspectives on Accounting*, v. 7, p. 33-54, 1996. Disponível em: https://uwethicsofcare.gws.wisc.edu/wp-content/uploads/2020/03/Reiter-S.-A.-1996.pdf. Acesso em: 11 ago. 2021.

SEN, Amartya. *The Argumentative Indian: Writings on Indian History*, Culture and Identity. Nova York: Farrar, Straus and Giroux, 2005.

ESTE LIVRO FOI COMPOSTO EM BOOKMAN OLD STYLE CORPO 10,5 POR
15 E IMPRESSO SOBRE PAPEL PÓLEN BOLD 90 g/m² NAS OFICINAS DA
MUNDIAL GRÁFICA, SÃO PAULO — SP, EM NOVEMBRO DE 2021